破解

两三岁孩子
叛逆期

木 紫◎著

外语教学与研究出版社
北京

图书在版编目 (CIP) 数据

破解两三岁孩子叛逆期 ／ 木紫著． -- 北京：外语教学与研究出版社，2017.8
ISBN 978-7-5135-8964-2

Ⅰ．①破… Ⅱ．①木… Ⅲ．①儿童教育－家庭教育 Ⅳ．①G782

中国版本图书馆 CIP 数据核字 (2017) 第 218147 号

出 版 人　蔡剑峰
项目策划　刘　荣
责任编辑　刘　荣
封面设计　永诚天地
出版发行　外语教学与研究出版社
社　　址　北京市西三环北路 19 号（100089）
网　　址　http://www.fltrp.com
印　　刷　三河市北燕印装有限公司
开　　本　710×1000　1/16
印　　张　14.5
版　　次　2017 年 9 月第 1 版 2017 年 9 月第 1 次印刷
书　　号　ISBN 978-7-5135-8964-2
定　　价　29.80 元

购书咨询：（010）88819926　电子邮箱：club@fltrp.com
外研书店：https://waiyants.tmall.com
凡印刷、装订质量问题，请联系我社印制部
联系电话：（010）61207896　电子邮箱：zhijian@fltrp.com
凡侵权、盗版书籍线索，请联系我社法律事务部
举报电话：（010）88817519　电子邮箱：banquan@fltrp.com
法律顾问：立方律师事务所　刘旭东律师
　　　　　中咨律师事务所　殷　斌律师
物料号：289640001

前　言

　　每个行为个体发展到一定年龄阶段，必然会表现出与其个体年龄相符合的行为特征。两三岁宝宝的主要行为特征是：追求独立自主。对他们来讲，最重要的事情就是表达独立，展现独立。如果环境不友好、父母不支持，他们就会为了争取独立、守护独立而闹情绪，就会不停地以逆反的形式来表达自己的独立愿望，以此来划清自己和别人的界限。

　　两三岁的宝宝，与他们之前的状态相比，心理发展到一个新的阶段，开始真正形成自我意识。为了把自我意识与他人的意识分开，宝宝会不断地用自我的力量去影响周围的环境。

　　不管遇到什么事情，宝宝都想自己尝试一下，如果这时我们阻止了他的行为，宝宝就会哭闹。那么，为什么宝宝一定要尝试呢？这是因为他们需要通过身体的接触来认识事物，获取经验，从而促进大脑发育，促进自我意识的发展。成长的力量是无法阻挡的，宝宝尚小，还不能理解我们"为他好"的初衷。我们不支持，他就会反抗。

　　"我就这样。"宝宝这么说，是要划清自己和别人的界限，要按着自己的想法去行动，不想受到大人制约。面对宝宝眼里的独立，我们要给予他尊重。但是，我们不能无条件地满足宝宝的一切要求，在原则问题上一定不能让步。当我们不能满足宝宝的需要，宝宝就表现得很叛逆时，我们要了解宝宝的表现，并正确引导他们。宝宝这一时期虽然有了自我意识，但是认识水平和理解能力还很低，情绪来了自己控制不住，难免"不讲理"。

这个年龄段的宝宝见到小伙伴玩什么，自己就想要。别人不给，他就抢。如果失败宝宝会大哭大喊，闹脾气。这个时候，我们要把宝宝带离人群吗？当然不能。宝宝的社会化已经开始了，如果不生活在群体里，他就无法习得关心别人、与同伴友好相处、遵守社会规则等社会能力。宝宝社会化发展不良的结果，就是将来无法适应社会。听到这些，父母们是不是觉得很恐怖呢？

所以，从成长的角度来讲，叛逆是一件好事。宝宝的叛逆不是背叛和挑战，是自我意识发展起来后对自我权利的保护，是成长受到阻碍后的反抗，是不融于外界环境时的坚守。面对宝宝的主观情绪反应，父母不能强行压制，要在同情他的基础上，找寻导致宝宝坏情绪的真正原因。

自我意识一旦出现，就开始影响主体的命运。而自我意识的形成会受到教育环境的影响，此时父母需要有原则地满足宝宝的独立愿望，给予引导和鼓励。这样，伴随着宝宝长大，他才能拥有真正自立，才能有勇气面对现实，管理自己的欲望，并可以节制不当的行为，争取成功的机会。

本书是一本"针对叛逆，立足成长"的书。撰写本书的目的，只是想让大家认清：叛逆只是宝宝成长过程中情绪上的表现，虽然叛逆的宝宝个性鲜明，但都不是父母主要的教养任务。父母主要的教养任务是：遵循这个年龄段宝宝的心理特点，在继续巩固情感纽带的基础上，给宝宝的行为立界限。总之，父母既要同情宝宝的苦恼，也要坚持自己的原则，这样才能培养出宝宝负责、自主、自制、合作、有爱心的好品质。

目录

第一章

成长那么痛，宝宝当然会"叛逆"

宝宝在两三岁时，开始有了自我意识。他要表达独立，展现独立，区分自我意识与他人意识，会不断地用自己的力量来影响周围的环境，在大人面前的表现就是"叛逆"。

从宝宝两三岁开始，我们就要着手培养宝宝的责任感和自制力，限制宝宝已经形成的"无所不能感"。宝宝受到约束后，会感觉不自在，会反抗，突出的表现就是"叛逆"。

有成长，就有"叛逆"

宝宝到了两三岁，身高接近一米了，能跑能跳，语言表达清楚，成了一个"小大人"。我们在感到欣慰的同时开始苦恼：宝宝长大了，主意多了，这是好事，可是他动不动就说"不行""我就这样""我就不"等语言，太执拗！我们该怎么做才好呢？

从"无所不能"到"被限制"，宝宝当然要反抗

宝宝出生以后，显示出了强大的生命力。他饿了，如果妈妈没能及时满足他，他就会拼尽力气大哭。他想妈妈了，如果见不到妈妈，就会哭到浑身发紫。好在，很多妈妈都懂得及时满足小宝宝的需要，这样，妈妈和宝宝才能够建立起良好的母婴关系。这个关系开启了宝宝对妈妈、对世界的信任，开启了自己的美好人生。

对小宝宝而言，妈妈及时给他喂奶、穿衣和拥抱，不仅可以满足他的生理需要和安全需要，而且还可以满足他爱的需要。当他感觉自己生活在被爱的环境中，他也会充满热情，大胆探索。

在宝宝一岁以前，他的需求得到充分满足，他慢慢会成为一个对这个世界充满信任感的宝宝。同时，这也让宝宝拥有了一种"无所不能感"——我想怎么样就怎么样，我的任何需要都必须获得满足。而事实上呢？这个世界对任何人都是有限制的，宝宝也不例外。比如：宝宝不可能完成超越能力范围的任务，不可以玩有危险的物品，不能独自一人出去，不能想要什么就有什么，等

等。宝宝到了两三岁，他的"无所不能感"就会受到挑战，任何限制行为都会遭到他的反抗。

宝宝到了两三岁，妈妈开始培养他的爱心、责任心、自制力等，以增强他的基本能力，让他拥有适应社会的本领，这是教养的责任所在。妈妈的好意宝宝不会懂，他心里想的是，自己的舒适区不被破坏。他还希望自己能像以前那样，只要一声哭叫，就会让妈妈飞奔过来，并满足他的一切需要。可是，此时的妈妈会跟他说："宝宝，你自己先玩一会儿，妈妈做完事情就和你一起玩！"出门时，宝宝还想让妈妈抱着，可是妈妈还是那句话："你已经长大了，要学会自己走了！"宝宝的很多权利被剥夺，内心会感觉不爽，所以他才会竭力反抗。

当宝宝反抗的时候，妈妈为什么会那么在意？因为在这之前，宝宝的需求比较简单，满足起来比较容易。而宝宝到了两三岁，他的世界变得更加广阔，想法也多了起来。妈妈理解不了成长给宝宝带来的变化，就会认为他开始"逆反"了。

面对宝宝的反抗，我们要坚持原则

宝宝两岁以后，面对宝宝的不正确行为，我们必须给予他有效的引导，否则，他就会长成无法无天的"小霸王"，以自我为中心，目中无人，蛮横无理，缺乏合作意识。

人的品质需要从小培养。我们先来看下面的案例。

宝宝喝完奶，就把奶瓶倒着拿，一边在游戏毯上走来走去，一边说："小种子，快快长！小种子，浇浇水！快快长，长叶子！"一会儿，游戏毯就湿了。而外边天气阴冷，已经几天没见太阳了，游戏毯湿了就没地方晾干。

妈妈大声说："宝宝，游戏毯湿了，坐上去就会不舒服，你就没法玩汽车了。别浇了！"

宝宝说："不行，我在给小种子浇水呢！"

妈妈急切地说："不能浇了，游戏毯已经湿了！"

妈妈伸手够奶瓶，宝宝把手背到身后，大叫着："别抢，别抢，妈妈别抢！我要给小种子浇水。"

这是一个典型的宝宝反抗妈妈管教的事件。面对这种情况，作为父母，我们该怎么做呢？

1. 宝宝反抗时，我们要接纳。

宝宝大哭大闹，强烈抗议我们对他的管制。宝宝把"给小种子浇水"当成一件大事来做，而且做得很开心，我们要从宝宝的角度去理解他。试想，谁愿意在自己玩得高兴的时候被别人强行制止呢？虽然我们制止的理由是"游戏毯湿了，明天就没法玩了"，但是我们没办法责怪他。此时，宝宝还不能想到他明天还能不能玩。从宝宝的角度来思考，问题就容易解决了。

我们要认同宝宝那种痛苦、失望的心理。例如，妈妈遇到这种情况，可以这样对宝宝说："宝宝喜欢给小种子浇水，妈妈很开心！妈妈不让你继续浇了，你很难过！但是，游戏毯湿了，妈妈也很难过！"我们要牢记，自己的目标是制止这个非理性的行为，借此培养宝宝的责任意识。我们能否制止他的"不良"行为，在于我们是否能够让宝宝感受到我们的关爱。

我们抱着宝宝，轻轻地抚摸他，亲子之情慢慢弥漫开来。宝宝情绪逐渐平息，开始内化我们为他制定的行为规则，并懂得不让我们伤心。

2. 坚决抵制宝宝的"不良"行为。

有的时候，我们限制了宝宝的某个行为，他的反抗会特别激烈。即使我们一直在情感上回应宝宝，他依然会大哭大闹，甚至摔东西。在这种情况下，我们可能会屈服，心想："让宝宝玩吧，为了这么小的事情让宝宝哭得那么伤心，又何苦呢？"我们心一软，宝宝的"阴谋"就得逞了。

我们的屈服相当于认同了宝宝的行为，不对宝宝的行为进行限制。宝宝会觉得，自己的反抗能为自己任意玩耍赢得权利，这样的结果会导致宝宝以后还会出现类似的行为。而且，宝宝一次比一次闹得凶。宝宝看上某个玩具，我们不买，他就会大哭大闹，就地打滚，其背后一定是因为有我们屈服和忍让的先例。

即使宝宝很痛苦，我们也要狠下心来，坚持原则。这是宝宝成长必须付出的代价，能为他今后形成优良的品格打下良好的基础。如果我们不能培养出宝宝成人以后需要的能力和品质，他将来就会因此付出更大的代价。我们不能制止宝宝的"不良"行为，就不可能让他将来对自己不恰当的行为说"不"。

不能无条件地满足宝宝

窈窈端着一碗樱桃玩跳跳游戏，她一边吃一边撒。奶奶过来制止她，问道："你干什么呢？"窈窈说："我在吃樱桃！"奶奶说："小心，樱桃撒地上了！你把碗放到桌子上！"窈窈高高地把碗举起，说："不，我就不！我要玩跳跳游戏！"结果，窈窈头上的碗失去了平衡，大半碗樱桃倒了出来。窕窕大哭，边哭边喊："没有樱桃了，我没有樱桃了！"奶奶没办法，又洗了一些樱桃放到孙女的碗里。窕窕继续边跳边吃，边吃边撒。

无条件地满足宝宝，并不是他成长的需要

宝宝一岁以前，父母都会无条件地满足他的任何需要。宝宝出生以后，在他的意识里，他与世界浑然一体，世界是受他支配的。父母是世界的缩影，要无条件地服从宝宝。宝宝饿了、渴了、寂寞了，父母就要立刻想办法解决，否则，他就会哭闹，而且可能会对他的心灵造成伤害。他会觉得，依赖和索取受到了挑战，世界并不友好。

为了让宝宝完美地与父母建立起安全型依恋关系，整整一年，父母都视宝宝为"小皇帝"——急宝宝所急，想宝宝所想，宝宝的一切需要凌驾于大人的需要之上。

小宝宝的需要总是可以在第一时间被无条件地满足。一段时间后，宝宝的活动能力增强了，他能抓取东西，还能做爬、跑、跳等动作，这样的能力预示着宝宝会变得更加强大，要扩大活动的范围，想要有更大控制权。在这种情况下，我们不要禁止他的活动，而要在活动中帮助他，让他懂得该做什么或不该做什么，怎么避免受到伤害。

从这之后，我们仍然要爱宝宝，但却不能无条件地满足宝宝的任何需要。无条件地满足宝宝的任何需要，会导致他以自我为中心，缺乏同理心。

如果宝宝随心所欲，想做什么就做什么，其"不良"行为不仅

会对宝宝的身体造成伤害，还会导致宝宝形成不良的生活习惯。教养的职责之一就是让宝宝懂得，什么可以做什么不可以做，也就是让宝宝习得社会规则，培养责任感，拥有自制力，懂得爱他人，这样才能很好地控制自己的欲望，限制自己伤害他人的行为。

当一岁的宝宝拿起床上的手机，开始用嘴啃时，我们见到了，第一反应是拿走手机。宝宝的行为被阻止后，他会哭泣。当我们递给宝宝一个磨牙棒或者一根水果条时，宝宝的情绪就能立刻得到安抚。

两三岁的宝宝在客厅里挥舞着手中的"金箍棒"，"金箍棒"不断地从电视前、奶奶的头上闪过，惊得大人出了一身冷汗。妈妈过来阻止宝宝，他举起棍子，高声喊："我就不给你！"面对这样的反抗，妈妈不能纵容宝宝的危险行为。

当然，宝宝一岁以后，我们既要为宝宝设立规范，又要表达爱意。我们需要在"满足"和"限制"之间做个平衡，要让他感受到：无论出现什么情况，父母的爱都很坚定；这个世界有规则，每个人都要讲规则。

宝宝究竟需要什么样的满足感？

宝宝到了两三岁，不管他们怎么叛逆，只要我们无条件地关爱他，他就会感受到亲子之间的暖流，就能处理好自己的情绪问题。

1. 我们的教养行为要服务于长远的教养目标。

我们的教养目标不是控制宝宝，让他什么都听大人的。"儿皇帝"成就不了完满的人生。让宝宝学会做自己想做的事情，能够听取自己内心的声音，成就一个最好的自己，才是我们的教养目标。我们只有给宝宝无条件的爱，关注宝宝的情绪和需求，才不会陷入宝宝的反抗情绪里，被宝宝拖着走。

成长是父母领着孩子适应规范的过程。实现这个过程一点都不简单，这要求领着宝宝长大成人的父母不断学习，学习教养方法、儿童心理，以正确的态度面对宝宝，培养宝宝的爱心、责任感、主动性等优良品质，教会他适应社会规则，以便自由自在地生活。

2."无条件地爱"不等于"无条件地满足"。

我们有必要厘清两个概念。"无条件地爱"指的是无条件地关注宝宝的情绪和背后没有被满足的需求。不管宝宝有什么样的表现，我们对宝宝的情绪和需求都要给予关注。"无条件地满足"指的是以宝宝的需要为中心，不考虑客观条件，不考虑后果，无限制地满足宝宝的要求。

"让宝宝不舒服的事情"就是宝宝的行为在一定程度上会受到限制，而这是培养宝宝各项品格的方法，是宝宝成长的需要。我们坚持了，就是对宝宝"无条件地爱"。如果我们跟着宝宝的感觉走，宝宝一反抗，我们就放弃，任由宝宝躲在"舒适区"里，这就是"无条件地满足"。

宝宝并不是天生就愿意接受规范的，更何况他们做了一年的"小皇帝"，享受着有求必应的待遇，他们会觉得"没有什么不可以"或"想怎么样就怎么样"。

宝宝必须从这样的以自我为中心的意识里醒悟过来，面对现实的世界。我们要把外在的规则展示给宝宝，让宝宝内化规则，从外在的规则中逐渐学习适应社会。

3．拒绝有条件的爱。

宝宝不乖的时候，我们对宝宝说："我不爱你，因为你太淘气！"这样的话语告诉了宝宝一个道理：要享受爱是有条件的。有条件的爱对宝宝来说，不是稳定的情感链接，宝宝的内心会时常处于惶恐不安中。特别是在宝宝犯了错的时候或感到失望的时候，他感受不到情感的支持，就会拒绝成长。

独立意愿，让宝宝的反抗升级

　　进入十月，天气转凉，早晨气温只有十几度。宝宝跑着玩，妈妈对他说："宝宝，天凉了，来，穿衣服！"宝宝大喊："不，我就不穿！"妈妈抱住他，强行给宝宝套上 T 恤，宝宝伸胳膊蹬腿，用力挣扎。小家伙有力气，妈妈都累出了汗，也没把衣服穿到他的身上。妈妈生气地说："你真不听话！你冻感冒了，别烦我啊！"妈妈说完，把衣服扔一边，走了。

　　妈妈带着宝宝一起去采购食物，拎着塑料袋走出超市。宝宝说："妈妈，放开我，我要自己走！"车多人多，妈妈当然不放心。宝宝又提出一个要求：自己拎东西。他们买的东西虽然不多，但对宝宝来讲却有些重。妈妈说："你拿不动，而且路上人太多，会挤到你，妈妈抱你走。"宝宝大哭，站在原地不动。他大喊："我自己拿！"妈妈不理睬他的要求，果断抱起他往前走。

　　有类似经历的妈妈，当时是不是也一样，肺都快被气炸了？她们忍不住会大喊："你真不听话，太叛逆！"

宝宝两三岁，全力表达独立

宝宝在一岁以前，愿望比较简单，概括起来就是吃、喝、睡、玩、抱，这一点我们比较容易揣摩透，因为被满足后的宝宝就不哭不闹了。宝宝过了一岁，随着他的行动能力增强，活动范围变大，活动内容变得更丰富，他对自己和世界的认识逐渐变得清晰，对自己和别人的界限认识也越来越清晰，他的自我意识也越来越强。这表明，宝宝想要独立了。

这个时候的宝宝，知道了自己的存在，有了表达自己想法的欲望，做事情成功了会开心，失败了会伤心。他的自我认识能力有限，但他常常挑战力所不能及的事情。面对失望的结局，他被我们耐心教导之后，就增加了生活的经验。

宝宝获得人生经验的多少，是否有自信，与宝宝的自我意识有关。而在宝宝的自我意识里，父母的评价和判断占主导地位。宝宝能否控制自己的"不良"行为，在于父母对宝宝的行为能否进行监督和规范。

随着宝宝的独立意识增强，他无时无处不在表达自己的独立意愿，好让别人明白："我长大了，我和你们一样，是一个独立的人。"他要划清自己和别人的界限，要按着自己的想法去行动，不受大人约束，这是宝宝眼里的独立。而真正的独立是主体能够对自己的行为负责。但是，对自己负责不是宝宝天生就有的能力，宝宝出生后，靠着来自父母的关爱学会了对自己的生命负责，这是一个索取、不考虑父母感受的过程。过了这个年龄段，宝宝就不再拥有这样的待遇。伴随着宝宝长大，他逐渐迈向独立，需要学会面对现实，管理自己的情绪，节制不当的行为，争取成功的机会。

当宝宝用脚踩果篮里的水果时，他的行为出发点就是"好玩"——他想试一试腿部肌肉有多大的力量。而这样的"好玩"糟蹋了物品，父母当然要制止。父母要让宝宝明白，皮球可以踢、可以踩，但家里的水果是用来吃的，即使不喜欢吃也不能踩。这样，父母限制了宝宝这一次的行为，也在宝宝心中种下了行为的标准，增强了他对自身行为的责任意识。

以适当的方法，支持宝宝走向独立

宝宝要独立，不管以什么方式来表达，都是成长的信号。宝宝能否独立，在于我们的教养是否支持了宝宝的成长。

所谓独立，指的是不依靠其他任何事物而存在，不依靠他人而自立。对宝宝来讲，他当然做不到，但是却能拥有他这个年龄应该具备的能力，这是独立的基础。

1．发展自主能力。

所谓自主，指的是遇事有主见，能对自己的行为负责。这是成人具有独立行为能力的基本素质，需要从小培养。

一个孩子，我们可能会把他培养成有自主能力、能够对自己的人生负责的人；也可能会使他成为没主见、随波逐流、人云亦云的盲从者，其关键在于我们是怎么培养的。两三岁是宝宝自主能力发展的关键期，在这个阶段，我们要给予宝宝充分的自由，帮助他学会自己吃饭、穿衣、讲卫生等。我们要给宝宝尝试的机会，他只有经过多次练习后，能够轻松地完成任务，才会觉得自己是独立的。

我们在宝宝两三岁时开始培养他的自主能力，能为他打下"有主见"的基础，让他知道自己能做什么，才能使他更好地走向独立。

2. 拒绝宝宝"任务上的依赖"。

两三岁的宝宝，还处于把大人的爱内化的阶段，他们在情感上还很依赖大人。我们接受宝宝情感上的依赖，不等于不让宝宝做该做的事情，如果我们支持宝宝在"任务上的依赖"，并且总是代劳，就会弱化宝宝的独立意识。

我们只有从细微的小事入手，让宝宝自己去做。当宝宝喊我们帮忙取东西的时候，我们可以这样引导："宝宝自己可以去拿啊！""宝宝已经长大了！""你一下子就能拿到呢！"只要我们不断地鼓励宝宝去做他能做的事情，慢慢地，他就会以实际行动向我们表达独立：自己吃饭，自己收拾玩具，自己取东西。起初，我们要给予宝宝赞赏，但是当他逐渐掌握了这些技能，我们就不要特别奖赏了，而要在他掌握新技能后给予特别的奖励。

面对"意识狭窄"的宝宝，我们怎么做才能不失控？

妈妈在厨房做饭，宝宝在客厅玩。妈妈想着快点儿把饭做完，吃完饭就可以出去跳广场舞了。这时，宝宝大喊："妈妈，过来，过来，快点过来！"妈妈说："等会儿，等妈妈做完了，就跟你玩啊！"宝宝喊："妈妈，陪我玩小汽车吧！"妈妈正在切菜，宝宝一喊，她差一点儿把手指切到。她扔下刀，马上来看宝宝。

宝宝正拿着奶瓶往小汽车身上洒呢，洒得沙发上到处是奶。妈妈大喊："你要干什么？"然后伸手夺过奶瓶，宝宝大哭。妈妈把奶瓶拿走，宝宝冲过来，拽住妈妈继续大哭。

宝宝的叛逆，表现在情绪上

对于两三岁的宝宝，我们几乎没有见过他们以离家出走、自残、自杀等方式来表达自己对外界的反抗。这与青春逆反期不同，他们守护的是独立感，争取的是独立权，他们希望大人把他们当成独立的个体。当宝宝不如意或不被理解、被冒犯的时候，他会表现在情绪上。他会哭闹，大声说"不"，打滚，摔东西，打人，等等。甚至，别人的正常行为都会引发他的反抗。

两三岁的宝宝，情绪表现已经接近成人，只是他的自我控制力不够强，大脑皮层容易兴奋，情绪变化较快。当宝宝有了新的想法，却不能很好地表达出来的时候，他就会哭闹甚至摔东西。

情绪变化是两三岁宝宝逆反的核心表现。宝宝有了独立意识后会通过逆反来表达自己，以区分自己和别人的不同。其实，这只是宝宝的主观情绪反应，不是他对客观现实的表达。

我们不理解宝宝的成长苦恼，就会跟宝宝较劲。当宝宝和我们都处于"激情状态"时，都会出现"意识狭窄"的现象，认识活动的范围缩小，分析问题的能力受到抑制，自我控制能力减弱，进而使行为失去控制，甚至做出一些鲁莽的行为。

即使宝宝的情绪反应时间不长，也会对成长带来负面影响。不良情绪影响宝宝的身心健康，导致宝宝适应能力较差。当宝宝的需要不能被满足或情绪反应不被关注的时候，宝宝会因为失败而产生挫折感，出现不良情绪，以发泄心中的不满或不快。宝宝发泄的次数多了，坏脾气也就形成了。

给宝宝好的体验，避免情绪激化

宝宝进入第一逆反期后，我们会被各种"不听话"的表现冲击，这时，如果我们没有相当好的情绪免疫力，不良情绪就会影响我们的判断，难免会跟宝宝较真。结果呢，不但我们自己生气，而且影响了宝宝的性格发展。我们要想让宝宝顺利度过第一逆反期，就要提高自己的情绪免疫力。

1．接纳宝宝的逆反情绪。

宝宝的心理感受和身体一样，希望得到我们及时而认真的关注。这里的关注，不是我们问来问去，也不是要宝宝说出个为什么。有的时候，宝宝说不出为什么，只是心烦了，不开心了，需要我们陪伴了。那么，我们就陪着宝宝玩一玩，抱一抱宝宝，逗宝宝笑一笑。

有时宝宝说出了哭闹的原因，我们帮助他解决问题后，不一定能够改变宝宝的情绪。这时，我们不要这样问："不是帮你弄好了吗？你怎么还哭？"而要安慰宝宝一句："这个坏了，难怪宝宝会着急！"我们要用接纳的态度，让宝宝感受到他的情感被重视。

2．去理解宝宝，和宝宝"共情"。

在宝宝闹情绪的时候，我们试图对他说教，结果肯定会令自己失望。正在闹情绪的宝宝没有心思听我们说教，因为他的前额叶大脑皮层已经不在"工作"了，我们说什么，他根本听不进去。

我们只有尊重宝宝的情绪和感受，同情宝宝的痛苦，宝宝感受到被理解，他才会懂得：当自己情绪不好的时候，无论自己怎么做，大人都能理解并关爱自己。

3. 一起去户外运动。

我们可以带宝宝出去运动，跑一跑，跳一跳，玩一玩，来到广阔的天地，感受室外清新的空气。这样做，我们自己的心情好了，宝宝的心情也会变好。

4. 平时多听音乐。

照顾宝宝是一件很累的事情，宝宝不听话，我们更容易烦躁。我们心情不好，宝宝也会心情不好。当不良情绪弥漫开来的时候，我们和宝宝一起听听音乐，有助于消除紧张、焦虑、忧郁等负面情绪。研究显示，当耳边环绕着优美的音乐，大脑皮层会变得兴奋，从而激发出积极的情感，精神随之振奋。柴可夫斯基的《花之圆舞曲》，巴赫的《布兰登堡协奏曲》，都是不错的选择。

5. 看看轻松的影视剧。

有的父母既要带宝宝，又要做家务，还要面对工作的压力，神经每天绷得紧紧的。当压力感来了的时候，我们可以在宝宝睡着了的时侯，暂时放下未做完的事情，看一部影片，让大脑在剧情中经历跌宕起伏，获得放松。

如何成功转移宝宝的注意力？

小区外边的玩具摊位上摆满了小汽车、小火车、坦克、飞机、客车等丁丁喜欢的玩具。丁丁见了，拉着妈的手走了过去，摸摸坦克，摆弄一下小飞机，然后眼睛盯着"和谐号"。他对妈妈说："妈妈，买这个可以吗?"妈妈说："我没带钱!"这时，妈妈看到远处停放着一辆大卡车，就对儿子说："你看，那边有一辆大卡车，咱俩过去看看吧?"丁丁最爱大卡车了，于是高兴地跟着妈妈走了。

宝宝闹情绪，我们的做法为什么无效?

宝宝急切地想做某事，当我们不能满足他的时候，他的独立意愿因为受到了阻碍而激发了他的不良情绪，他因此会哭闹、喊叫。这个时候，我们最为常见的做法大致有以下几种:

1．讲道理。

例如，哥哥在看平板电脑，弟弟走过去，也要看。哥哥说可以一起看，弟弟不愿意，伸手就抢。弟弟抢不过哥哥，于是大哭。哥哥拿着平板电脑跑了，弟弟哭得更厉害了。

妈妈过来，对弟弟说："宝贝，听话，是哥哥先看的，他看完就给你，不能抢啊!"弟弟不听，继续哭。妈妈生气了，说："你这孩子，怎么这么不懂事儿呢?"。

此时的弟弟，大脑已经被坏情绪淹没，不能冷静地思考了，妈妈讲道理作用也不大。

2．哄骗。

例如，宝宝要吃糖，妈妈不给。宝宝伸手拍妈妈，让妈妈去拿糖。妈妈说："今天不能吃，明天吃。"宝宝不干，于是大哭。

宝宝的行为识别能力很强，一眼就能看穿妈妈的小伎俩。妈妈对宝宝的承诺能够实现还好说，在他那里有一定的信任度。否则，即使妈妈的承诺将来能够兑现，也将毫无用处。

3. 斥责。

例如，宝宝在玩健身器材，小朋友来了，也要玩。宝宝为了维护自己玩耍的权利，伸手给了人家一巴掌，将对方打哭了。妈妈见状很生气，因为宝宝出手太重了，万一打出问题来，怎么交代？妈妈赶紧教训宝宝："你这孩子，怎么可以打小朋友啊？下来，我不让你玩了，给小朋友玩！"宝宝大闹："不，不，就不！"。

这件事的起因是，我们告诉宝宝，在别的小朋友玩的时候，自己不能上去抢，要排队。宝宝有了排队的意识后，我们却再去教训宝宝，宝宝当然会很委屈。我们可以这样对宝宝说："你可以跟小朋友说，我先来的，我玩一会儿，你再玩。你排队等着，不能抢。"

如何转移宝宝的注意力？

宝宝闹情绪，停不下来，大人很着急。大人总是想着快速让宝宝停止哭闹，好好地玩耍。这个时候，我们需要转移宝宝的注意力。下面我们介绍一套行之有效的方法，让宝宝转移注意力一点都不难。

1. 用类似的物品代替。

宝宝的注意力水平不高，即使他因为想吃糖而哭闹得很厉害，也不可能将注意力持续不断地集中在这件事情上。如果我们拿来一个苹果，宝宝就有可能被吸引。吃糖的事情，自然就忘记了。如果宝宝再提糖的事情，我们就可以重申以前已经做过的工作："吃糖对牙齿不好，牙坏了，就要去医院拔牙。我们还是吃苹果吧，苹果香甜美味，能补充维生素。"

于是，宝宝吃起苹果来。吃的欲望获得了满足，他就不再想着糖了。两三岁的宝宝已经有了一定的自我控制能力。我们这样答应宝宝："过几天，妈妈会给你吃。"这有助于宝宝平复眼下的情绪。

如果宝宝哭闹是因为想玩某个玩具，而他又不能得到，那么，我们就拿来其他的玩具，给他展现一个特别有趣的玩法，宝宝的注意力也就转移了。

2．换个环境。

两三岁的宝宝容易被环境影响。看到小朋友玩气球，他就想要；看到小朋友喝酸奶，他就提出来要买酸奶。如果我们没带钱买不了气球，或者附近没有卖气球的，又或者宝宝不能喝酸奶，这样的情况下不能满足宝宝当时的需要时，那该怎么办？

我们要带孩子离开那个充满诱惑的地方，去别处玩。这样，宝宝心里被激发起来的欲望也就消失了。宝宝不走，我们就说："咱们回家拿钱，然后再买。"宝宝的欲望可能在回家的途中就被消解了。

3．提前出手。

宝宝有什么喜好，我们会有一些了解。比如，宝宝看到超市就想进去逛逛，买一些小食品出来。那么，我们和宝宝从家里出来前，就要跟宝宝说："咱们吃饱了，到了外边就不去超市了，直接去广场玩。"

再如，宝宝喜欢踩水。宝宝见到水，就跑过去踩。春秋季节，水很凉，孩子容易着凉生病。我们遇到这种情况就要提前告诉宝宝："外边下雨了，路上有水，我们出去玩，要躲开水，不能踩。"

到了外边，我们要看紧点儿。看到宝宝冲着水跑过去，我们就要提前把他抱起来，走向别的地方。

懂得"自我意识"，更能理解宝宝的逆反情绪

京京两岁的时候，去奶奶家玩，见到了对门的刘奶奶。妈妈说："京京，向刘奶奶问好！"京京指着自己的奶奶说："这个是我奶奶！"无论妈妈说什么，京京也不向刘奶奶问好。

大家乐了，说道："京京这么小，就懂得谁是自己的亲奶奶了，分得还挺清楚。"

自我意识水平，影响孩子的一生

自我意识水平，会影响孩子的一生。自我意识是指人对自身以及对客观世界的关系的认识，标志着个体个性形成的水平。作为父母，我们需要搞懂在教养过程中，要怎么做才能帮助宝宝建立起良好的自我意识，怎样才能更有利于宝宝成长。

如果宝宝对自我的认识是积极的、向上的，被父母爱护的，被外界欢迎的，那么，宝宝就会有自信，就能快乐地成长。在此基础上，宝宝受到良好的教育，就能拥有健康的人格。

相反，如果宝宝小时候觉得自己是一个没有能力的人，不被人喜欢，不被赞赏，如此发展下去，宝宝就会成长为一个内心

懦弱、有自卑感的人。

生命活动有着天然的秩序性，这决定了自我意识的建立是一个有序的过程。孩子出生后会用嘴来品尝味道，接着用嘴唤醒了手和脚。在这个过程中，宝宝认识了自己的身体部位，了解了这些部位与外界不同。接着，他学会了一些基本的动作，感受到了这些动作的结果。宝宝到了两岁的时候，自我意识就建立起来了，喜欢说"不""我的"等词语，会越来越关注自己，试图表达自己。比如，什么事他都要自己来，喜欢自己挑衣服，等等。

我们懂得宝宝的意愿，就要尊重他的意愿。当然，这里的尊重不是无条件地服从、溺爱，而是无条件的爱和合理的限制。自我意识建立比较好的孩子，拥有自信，积极乐观。

当一个人在做事的过程中不断地体验到成就感，并对自己产生积极的评价时，他就会产生自尊感。当一个人总是与社会正能量背道而驰，他就会对自己作出消极的评价，会产生自卑感。自我体验会使自我认识转化为信念，指导一个人的言行。自我体验还能伴随自我评价，激励适当的行为，抑制不适当的行为。适当行为能产生骄傲、自豪的情绪，增加适当行为发生的频率。

一个从小偷偷摸摸、打架逃学的孩子，不被人喜欢，自我感觉较差，就会自卑。一个懂事、爱护他人、努力学习的孩子，被赞赏的目光包围，自我感觉良好，则更有自信。

如何让"第一叛逆期"推动自我意识发展？

自我意识不是与生俱来的。宝宝刚出生的时候，他们分不清自己的身体部位，于是，他会吃手，挠伤自己，这样的行为受生命本能的驱动。宝宝在与外界接触的过程中，会不断地感知自己的存在。两岁左右的孩子有了自我意识，会学着去区分自我意识和他人意识。

宝宝能够自由控制身体肌肉以后，就有了更强烈的独立欲望。他要把自我意识与他人意识分开，不断地用自己的力量去影响周围人和环境，感受强大的自我。别人说什么，他就说"不"。他自己想做什么，如果大人不答应，就会哭闹。这就是我们眼中宝宝的"第一逆反期"。

这个时候，我们怎么做才不会伤害到宝宝的自我意识，让他快快乐乐地成长呢？

1．保护宝宝的自尊心。

为了让宝宝有个积极的自我认识，我们要学会保护宝宝的自尊心，增强他的自信心。

两三岁的宝宝正处于智力发展的关键期，他的运动能力增强，对世界探索的水平提高了，破坏力也增强了。为了保护宝宝的自尊心，我们不能限制宝宝的行为。对带有破坏性的活动，我们要提前预防。一旦出现破坏性的活动，我们不能严厉地斥责宝宝，而要让宝宝看到后果。

2．接纳宝宝较低的社会化水平。

宝宝两三岁，刚刚从"自己与世界浑然一体"的认识中分化出一个"自我"来，他们的社会化才刚刚起步。

这个年龄段的宝宝愿意和小朋友在一起，但是在玩耍的时候，基本上是各玩各的。他们的交往技能比较少，分享意识不强，所以争抢玩具、打人等现象比较常见。但是当他们跟年龄大一些的小朋友一起玩耍时，情况会好一些，为什么会这样呢？如果一个小朋友玩什么，那另一个小朋友也要玩什么，这也是一种模仿，并不是团队合作。我们在引导宝宝友好相处的过程中，不能指望宝宝很快就学会与人相处之道。

妈妈不自信，宝宝更"逆反"

我曾经在小区门口见到一位三岁半的女孩闹情绪。女孩大哭大闹，妈妈想抱她上楼，女孩总是用力挣脱。妈妈很无奈，说："她脾气太大了，我都管不了了！"她这么小妈妈都管不了，长大了怎么办呢？

懂教育，有方法，才自信

有人曾经把父母分成三类：一类是懂教育，关注孩子；二类是不懂教育，关注孩子；三类是不懂教育，不关注孩子。我们应该做哪一类父母呢？很显然是第一类。既懂教育，又关注孩子，这类父母大都很民主，宝宝在充分享受自由的过程中，也学到了规矩，内心比较强大，能适应社会。不懂教育，但又关注孩子，这类父母可能会成为纵容型或者权威型父母，不利于孩子的人格发展。既不懂教育，又不关注孩子，这类父母把孩子的成长交给他们自己，不确定性因素太多。如果孩子受到良好的环境的影响，加上自身的内驱力，可能会发展得很好。如果孩子受到不良环境的影响，可能会走上邪路。

我们只有自己懂教育，在教养孩子的过程中才能给予孩子正确的引导，不会让孩子牵着鼻子走。

如果我们自己懂教育，就会知道：宝宝的“第一逆反期”，其实就是他的“自立期”。这个时候，他要表现自己的独立，什么事情都要自己来；这个时候，我们需要尊重宝宝的独立愿望，宝宝如愿以偿，感受到自己的独立，自尊心增强，就不会胡搅蛮缠。

如果我们自己懂教育，当宝宝提出了过分的要求，我们不能满足的时候，我们就能坚持原则。即使宝宝哭闹，我们也能想出办法来平复宝宝的情绪。这样做，既让宝宝懂得了行为的界限，又让宝宝不被情绪所伤。

面对宝宝强烈的逆反情绪，我们的表现更加重要。我们要有应对的方法，呈献给宝宝的是“我对你有办法”的自信状态，宝宝也就没有了情感挟持的期待，变得愿意合作。

如何做个教养上的“自信妈妈”？

宝宝成长的过程是他身心慢慢走向成熟的过程。在这个过程中，宝宝要经历一些特别的苦痛，这需要我们站到宝宝一方，协助他获得正确的认识，帮助他走上正确的路。

1. 以温和乐观的态度对待宝宝。

很多父母的心底都埋藏着一股主宰宝宝的欲望。一旦自己弱于宝宝，这股欲望便会驱使他们对宝宝施以语言暴力，比如大声呵斥、打骂、吓唬等，这些做法恰恰暴露了父母自身的弱点。父母为了维护自己的尊严而无力挣扎。

自信的父母，能够温和、乐观地面对宝宝，让宝宝感到轻松和快乐。当宝宝有了“不良”的行为表现时，父母要先审视自己教育中做得不够好的地方，同时纠正宝宝的"不良"行为，而不是只顾挑宝宝的毛病。

2. 无论学历有多高，都需要学习教养知识。

"我毕业于名校，教养一个小孩子绰绰有余！"这种妄自尊大的教养认识带来的是教养行为上的失当，会表现出眼高手低的状况。教养是一本奇特的书，作为父母，我们想要读懂宝宝，就需要先学习，否则，我们会在孩子面前束手无策。再高的学历，在教养孩子这件事上，都派不上用场。

父母不断地学习专业知识，以增强自己在职场上的信心。同理，教养上的自信也需要父母不断地学习。

3. 执行规则坚持到底。

我们给宝宝制订规则，就是为了更好地规范宝宝的行为，使他养成良好的行为习惯。宝宝需要规则，这是因为规则能够给予宝宝秩序感和安全感，能够帮助他理解大人对他的要求。规则让宝宝做事有章可循，如果我们执行规则不力，结果就会正好相反。

例如，妈妈给三岁的阳阳立下规矩，不吃的饼干要放到饼干盒子里，不可以到处放。有一天，妈妈在沙发上看到一块饼干，在游戏毯上也看到一块饼干，阳阳承认是自己放的。妈妈收起饼干盒，说："你一点儿都不爱惜饼干，为了杜绝你的浪费行为，你一周都不许吃饼干。下次还这样，你就一个月不许吃饼干。"

如果我们给宝宝提要求的时候口气很弱，无论我们说什么，宝宝都会找出理由对抗，搞得我们很被动。宝宝摸透了我们不自信的心理，觉得自己犯了错误我们也不会严加管教，因此会更加叛逆。

宝宝太好动

妈妈要做饭，想让儿子自己在床上玩一会儿。妈妈把小汽车、小火车等玩具统统推过来，说："儿子，你的洒水车、清扫车、公共汽车、越野车、大皮卡、托马斯、和谐号……它们都来找你玩了，你和它们一起玩吧！"儿子眉开眼笑，马上爬上床，玩起了汽车。妈妈说："你自己玩，妈妈去做饭！"

米下锅了，妈妈要备菜，感觉很安静。她惦记着儿子，悄悄地走了过去。她发现，儿子正饶有兴趣地拉着一卷卫生纸满屋子绕圈呢！床上、沙发上、桌子上，到处都是。妈妈生气了，一把夺过卫生纸，扔到垃圾桶里，抱起儿子放到床上。

妈妈说："你老实待着，不许下来，下来我就揍你！"妈妈说完就转身去厨房了。两分钟后，妈妈仿佛听到了东西摔碎的声音，就赶紧扔下菜刀跑到儿子跟前。她看见儿子在客厅踢球，还把窗户玻璃弄碎了。

我们不让宝宝动，他为何大哭大闹？

两三岁是宝宝大脑发育的关键期。整个生命都竭尽全力地配合着大脑的发育。运动能促进大脑发育，这早已是脑科学的重要发现。美国科学家利用"正电子发射计算体层摄影"技术，对宝宝大脑进行扫描观察，发现宝宝在出生后，由于视觉、听觉、触觉等感觉器官接受了大量的信号刺激，脑神经细胞之间建立联系的速度非常快，产生了大量的神经元，促使大脑发育。

不让宝宝动，怎么可能呢？动，是为了成长啊！可是让他随意动，他又制造麻烦。如果我们因为担心麻烦而制止宝宝的行为，无异于因噎废食。为了让宝宝健康成长，我们必须接纳宝宝的好动行为。即使我们很伤脑筋，也不能图省心而束缚宝宝。

宝宝喜欢到处走，让我们头疼。特别是在外边，我们遇到熟人，想聊几句，还没说上几句话，宝宝已经走远了。对宝宝来讲，他就是为了走路而走路。走路是成长的方式，是他很自然的需求。他即将长大成人，走路能让他充分体会到独立感。即使不去某个地方，宝宝也会走来走去，见识更多的事物。

宝宝爬上桌子用手抓饭，沾点调料汁就往嘴里放，遇到辣的会哭上半天。妈妈不得不把宝宝抱到儿童餐椅上，给他盛好饭，但是宝宝不吃，搞得餐桌一团糟。即使这样，我们依然不能图省事，给他喂饭。宝宝抓饭、吃饭的过程，除了手部运动可以刺激大脑发育外，还有利于宝宝记住食物及其特性。

有研究表明，幼儿最早能学会的14种流质名词里，除了雨水和水之外，剩下的都与吃有密切的关系，比如牛奶、咖啡、布丁、果酱等。看来，在餐桌上，宝宝的吃、掰、到处扔等行为，也是宝宝进步的表现。

幼儿的行为本身并不是他们真正想要达到的目的，他们只不过是为了满足内心的某种欲望。宝宝不管在家里，还是在外边玩，他的眼睛、手、脚都停不下来，摸摸这个，看看那个。我们让他好好坐一会儿，他根本不可能做到。那么，我们就随了宝宝的心愿，和宝宝一起动起来，只有这样才能提升宝宝各方面的能力。

支持宝宝动起来

两三岁的宝宝有着强大的求知欲和好奇心，但受思维水平限制，他们在行动前不会考虑行为的后果。他们的行动多，麻烦也多。

1. 和宝宝一起"动"起来。

英国的萨利·戴维斯博士通过研究证实，宝宝运动量不足，会影响其脑部发育。那些还不会走路的宝宝，让他们尽早在地上爬行、玩耍很重要。宝宝每天应该进行至少三个小时的运动。

运动量不足，除了会影响脑部发育，还会影响身体成长。运动是宝宝生命发展的需要，我们不但要允许宝宝多运动，而且要给宝宝创造更多的运动机会。形式多、花样新，宝宝肯定会喜欢。

我们要参与到宝宝的运动中去，这对宝宝的运动有很强的促进作用。我们的时间有限，要养成在固定的时间里和宝宝一起运动的习惯。我们每天和宝宝一起玩，家庭气氛会更好，这既增进了亲子感情，也增加了宝宝的运动量。

2. 有些"故意的破坏"，可以有。

宝宝大约从一岁半开始，已经可以对外在事物进行探索，开始了心理内化。他会把动作反复做，但已经不是之前那种简单的模仿，而是带有一定的目的性。他会有选择性地再现某个动作，并体现个人的兴趣。

例如，宝宝知道不可以把水洒到床上，湿了就没办法睡觉，可他就是喜欢端着杯子，喝一口吐到床上，或者拿着奶瓶晃来晃去，搞得床上湿漉漉的。这样的行为，即使这次被我们制止了，但是在好奇心驱使下，他下次还会这么做。

我们要给宝宝创造更多的机会，让他玩个够。例如，我们可以准备一个小杯子，让他喝了水往杯子里吐。他玩几次就够了，也就不吐了。

3．提早准备，避免麻烦。

例如，宝宝把纸巾抽出来，扔着玩或者撕着玩。几次下来，宝宝的好奇心就得到了满足，那么，我们就要把纸巾放到宝宝拿不到的地方，这样做，能避免宝宝把纸巾拿来当玩具。

4．多准备一些玩具。

两三岁的宝宝喜欢鼓捣点什么，比如：给小汽车排队，把小汽车装进大汽车的车厢里，把汽车拆开重新组装，坐在游戏毯上堆积木，抱着玩具熊讲话，等等。虽然一件玩具可以反复玩，但总有玩腻了的时候，我们不妨给宝宝多准备一些玩具。

有规矩的宝宝不逆反

成诚看动画片时很兴奋，平时，妈妈和他的约定是，每天只看一集。这次，时间超过了，但是因为妈妈太忙，如果关掉电视，他就会过来捣乱。为了息事宁人，妈妈让成诚看两集动画片。

儿子看得兴致勃勃，说："妈妈，别关，我还没看够。"妈妈说："必须关，到时间了。"关掉电视后，儿子又说了几次，要求再看一会儿。妈妈没理他，他就自己玩玩具了。

成诚没有大哭大闹，因为他曾经大哭大闹过，但是，妈妈没有被他的哭闹打动，而是很冷静地告诉他："看电视时间久了会伤眼睛，你要去医院看眼睛，要扎针，很疼！所以，每次只能看一集。"最初，他当然不理会这些，只是想着要看电视，又哭又闹。妈妈抱着他，回应他的坏情绪，理解他的心情。好看的片子看不到，成诚心理很痛苦。等情绪平复了以后，他就开始玩玩具。经过几次后，他懂得了：看电视需要限制时间，时间到了就关掉。这个规定被内化后，成诚就有了自制力，自然就不哭闹了。

好规矩，宝宝不反抗

妈妈带莉莉逛商场，莉莉见到新款的芭比娃娃就想要。但是家里芭比娃娃太多了，妈妈不准备给她买。妈妈拉着莉莉的手往回走，莉莉看出了妈妈的意图，用力挣脱开，直往前走。她走到柜台前，站在那里，指着其中一款说："我要买这个！"然后，她就赖在柜台前不走了，妈妈好说歹说都不行。类似的情况每次都是妈妈缴械，莉莉获胜。

莉莉一次如愿之后，下次还这样，这说明什么？妈妈没有给莉莉立下规矩。立规矩只是日常行为的一个小细节，并不是什么大举措，但却能像春风细雨一样滋润宝宝，让他的行为有规矩。

有的父母在带宝宝去商场玩之前，会告诉宝宝："今天咱们去采购，遇到喜欢的玩具，可以看一会儿，但是，今天不买，一定不能买。记住了吗？"宝宝答应："记住了。"久而久之，父母就给宝宝立下了规矩：没有计划买玩具，遇到喜欢的，如果父母不同意，就不能买。这样的规矩深深内化到了宝宝的心里，他能接受这样的做法，就不会反抗。

一个从两三岁就开始被父母立规矩的宝宝，有遵守规矩的经历，有理解行为的界限，能够守规矩，克制欲望。相反，一个从没有被立规矩的宝宝，他的行为会被欲望牵制，觉得有要求就应该被满足，父母不答应，反倒觉得是过分的行为。于是，他会采用更加激烈的方式来给父母施加压力，逼他们就范。遇到不懂得限制宝宝的父母，就只能屈服于宝宝的眼泪和鼻涕。宝宝自私自利，没有分寸和界限，稍不满足，就打滚撒泼，强烈制约着父母。

有的父母太爱宝宝，想给宝宝更多的自由，觉得规矩会限制宝宝的自由，会让宝宝不开心。宝宝不想吃饭，父母就给他买零食果腹；宝宝不让关电视，父母就让电视一直开着；宝宝见到玩具想买，父母就给他买。迁就宝宝的不合理行为等于告诉宝宝"世界对你无限制"，因此他可以为所欲为。我们试想，与责任、自制背道而驰的行为，内化到宝宝逐渐萌芽的价值体系里，他怎么会成为一个有爱心、有责任感、能自制的人呢？

面对两三岁的宝宝，我们如何教规矩？

大概在两岁左右，宝宝的自我意识发展到"自我客体"阶段，能够审视自己的外在形象和行为。穿衣服的时候，不再是我们说穿哪件就哪件，而是他要自己来选；宝宝做了错事后，会说："妈妈，我犯错误了。"他已经能够把外在教导内化为内在的行为标准。在行动前，他有了一定的自我规范意识。此时，我们给宝宝立规矩，就没有那么难了。

1．不能在宝宝的哭闹前屈服。

我们无法延迟满足宝宝所需，是因为我们过度认同宝宝的感受。宝宝一哭，我们就觉得他受到了莫大的伤害，担心他逾越不了这样的限制。当宝宝以哭闹的方式来反抗限制时，我们屈服了，于是他就获得了更多的权利。所以，我们不能在宝宝的哭闹前屈服，而要坚持原则。我们必须坚持下去，才能给宝宝的行为立界限，宝宝才有可能把它内化成内在的行为规则。

2．给宝宝立规矩要符合他的年龄。

规则是社会化要求的集中体现。针对幼儿的规则，需符合幼儿的心理特点和发展水平，要有变通。否则，它会让宝宝失去安全感。

例如，大家相约外出聚餐，到了饭点，还要等某位没到的客人，两三岁的宝宝想吃，于是开始哭闹。为了尊重未到的客人，我们劝宝宝等一等，可宝宝就是不听，反而愈加哭闹。

是宝宝不懂规矩吗？当然不是。这么小的宝宝，饿了就想吃，如果太晚了，超过他平时吃饭的时间，他就没有能力等了。

对这么小的宝宝来讲，生理需要是第一位的，饿了就要吃饭。我们满足不了他，他有哭闹的行为也很正常，我们不能因此就认为宝宝没有规矩。

3．父母要有规矩。

父母是宝宝学习的榜样。两三岁的宝宝学习能力很强，父母的所作所为，一眨眼的工夫就被宝宝学会了。他通过观察、模仿来习得生活经验。父母是宝宝最近的"风景"，他们的一言一行都被宝宝尽收眼底，并会一一表现出来。

有一对小夫妻，他们聊天时，不知是谁说了一句"放屁"，宝宝听到了，感觉很有力量，当即来了一句："放屁!"妈妈反应快，补了一句"大地"，宝宝不说"放屁"，开始说"大地"。

后来，有人连说几句"放屁"，宝宝彻底学会了，张口就是"放屁"。妈妈费了好大劲，反复纠正他。宝宝到了三岁，才不说了。

4. 事后分析，有利于宝宝内化规则。

我们禁止了宝宝的某个行为，宝宝当时会不高兴。等宝宝心情平静下来后，我们最好给予分析，这样有利于宝宝内化规则。

例如，当宝宝抢了别人的玩具，我们果断地把玩具还给人家，并让宝宝道歉。过后，我们就要告诉他："别人的玩具你不能抢，那样会伤害人家，人家会不开心，很难过。你想玩，可以拿自己的玩具和人家交换。人家不同意，你就只有放弃了。"

孩子不是生来就懂这些，在听从我们教导的过程中，会把各种规则内化，变得懂规矩。

第二章

维系好情感，巩固亲子关系

亲子情感纽带维系的是一生的亲子关系，宝宝会有一种"父母无条件地爱自己"的感觉。作为父母，我们不仅要给宝宝关爱，而且要给宝宝的行为立界限，让宝宝有爱心、负责任、能自主、懂合作，善于解决问题。只有这样，宝宝才会以自我实现为导向，才能真正走向独立。

宝宝的行为遭遇不满意的结果，怎么办?

在宝宝的一再要求下，妈妈给宝宝买了一个木制玩偶。细细的线绳依照机械化的原理，把一个滑稽的小人和一根小棍子连接在一起。只要拉一下绳子，小人就顺着棍子上下滑动，灵巧极了! 对宝宝来讲，木制玩偶具有难以抗拒的趣味性。在妈妈眼里，木制玩偶不耐玩，只要宝宝的手稍微用点力，这个组合就会变成几块烂木头。

木制玩偶买到手之后，妈妈对宝宝说:"你要轻轻拉，不要用力，更不要摔打。玩偶坏了，我不会修，也不会再给你买。"宝宝嘴里答应，手却不听使唤。没几分钟，小人就跟小棍分家了。宝宝心情沮丧，要求妈妈帮他弄好。妈妈不管，宝宝因此大哭。妈妈说:"我已经跟你说过了，我不能修好，你玩的时候动作轻点儿，可就是不听话，现在玩偶坏了，我也没办法修!"宝宝哭闹了一会儿，就去玩别的玩具了。

从那以后，宝宝对玩具摔摔打打的行为逐渐变少。有一次，妈妈给宝宝买了新汽车，正当爸爸琢磨怎么玩的时候，宝宝说:"爸爸，轻点儿，别弄坏了。"

"爱"与"承担后果"之间并不矛盾

一个人之所以会健康成长，秘诀在于:他得到了满满的爱，获取了足够多的精神营养。教育是一个不断给予关爱、不断赐予道理、不断实践的过程。在这个过程中，宝宝习得了生命里真正合乎道德的活动方式，成长为一个好人。

当宝宝因为面对了某个不合乎心意的结果而大发脾气的时候，我们就会不自觉地冲过来帮助宝宝解决问题，排除他受到的阻力。例如，宝宝的玩具坏了，妈妈会再给他买一个。再比如，《熊出没》演完了，宝宝想继续看，于是哭闹："我要看《熊出没》！我要看光头强！"妈妈会说："宝贝，没关系，妈妈给你打开电脑，你继续看！"。

我们帮助宝宝解决了问题，随了宝宝的心，宝宝不再哭闹。可是，我们这么做，让宝宝失去了面对现实的机会。从宝宝成长的角度来讲，这是一个很大的损失。我们不要认为，这是在爱宝宝，如果我们耽误了宝宝的成长，那就不是爱了，而是溺爱。

我们不要觉得，让宝宝经受现实的痛苦是一件坏事，虽然他暂时有些难过，但是痛苦会让宝宝成长，让他变得更懂事。当宝宝经历挫折的时候，我们关爱的方式有很多，比如：可以陪在宝宝身边，不斥责，不嫌弃，理解他的痛苦。宝宝感觉到了我们的关爱，就不会担心自己的表现惹恼我们。只要情感链接还在，他的内心就不会留下伤痕。

让宝宝学会面对现实，是为了让宝宝习得行为标准，拥有良好的品质，这才是宝宝成长的真正需求。

宝宝的社会行为能力是在成长过程中不断地习得一个又一个的规矩后获得的，这些规矩成就了宝宝良好的行为和品质，成就了一个将来能够适应社会的人。

我们如何向宝宝呈现现实的结果？

所谓现实的结果，是指由宝宝的行为导致的结果。有什么样的结果就会有什么样的原因，有什么样的原因就会导致什么样的结果，这是一个普遍规律。宝宝更早认识现实的结果，就会更早具备相应的能力。

大多数父母出于爱护宝宝的心理，都会急于调节宝宝的情绪，有意无意地屏蔽一些现实的结果。宝宝看不到自己的"不良"行为导致的后果，无法理解因果关系，就会不断重犯，形成不良习气，难以成就良好的品质。

宝宝迟早要回到现实的世界中，当宝宝做了某件事情或者有了某种行为，并导致了不良后果之后，我们最好的处理方式就是让他看到现实的结果。

1．不替宝宝的行为买单。

例如，宝宝玩木制玩偶，我们要告诉宝宝，玩具不够结实，不能摔打，要轻轻地玩。宝宝不听，弄坏了玩具，我们绝不可以给他再买一个，而要让他看到不爱惜玩具的后果——玩具坏了就不能玩。只有这样，他下次才会懂得遵守"爱惜玩具"这个规则了。

2．让宝宝自己承担后果。

宝宝自己弄坏的，本该由宝宝自己来修。两三岁的宝宝自己做不到，我们可以采取一些"惩罚"性措施，比如：剥夺他再买玩具的权利，让他只看半个小时的动画片，等等。只有这样，才能让宝宝记住"不良"行为带来的后果，从而限制宝宝的"不良"行为。

3．父母不要心软。

有的父母看到宝宝哭闹，反应激烈，担心会伤害到宝宝的身体。只要宝宝的身体没有器质性疾病，就能承受这样的激烈反应。我们可以抱着他或陪在他的身边，对他说："我们知道你很痛苦，也很心疼你，但是，你不爱惜玩具的行为是不对的，你要自己承担后果。"

情感纽带体现亲子关系

妈妈出去后，丁丁心情一直都不好。奶奶拿来丁丁最喜欢的"和谐号"，他连碰都没碰。要知道，这是刚买回来的玩具，是丁丁最喜欢的玩具啊！丁丁只吃了一点儿午饭，就坐到沙发上看电视去了。《熊出没》是丁丁最爱看的电视节目，每次他都看得手舞足蹈，还在沙发上模仿主人公的动作。可是今天，丁丁提不起精神，一点儿开心的表情都没有。他这是怎么了呢？

当情感纽带断裂时，宝宝的成长就会停滞不前

情感纽带，指的是人与人之间形成的一种亲近的人际关系。我们也习惯称之为感情链接，并以喜欢、信任等情感为基础。

宝宝出生以后，脱离了母体，妈妈抚养宝宝时第一件重要的事情就是：重新建立起母婴链接关系。这样，宝宝就会感到安全和自在，才能健康成长。在接下来的抚养过程中，妈妈需要及时满足宝宝的生理需求和精神需要，这样感情纽带会越来越牢固。即使宝宝到了两三岁，已经意识到自己和妈妈是两个不同的个

体，他也会觉得妈妈爱自己，自己是妈妈的宝贝。被爱着的宝宝更容易培养出自尊和自信的品质。

两三岁的宝宝很淘气，一眨眼的工夫就能把家里搞得一团糟。妈妈心烦，不停地教训宝宝，可能会导致感情纽带断裂。宝宝的前额叶皮层活跃不起来，他也就无法正常思考。

为什么这么说呢？良好的情感纽带会让宝宝觉得"妈妈很爱我，会保护我"。这样的美好感觉来自大脑"边缘系统"对情绪的感知，并传达给脑结构里的脑干，脑干接收信息，并把安全信息传递到身体的各个部位，大脑前额叶皮层就开始工作了。

我们时时都会感受到：被妈妈爱着的宝宝心情好，对世界的探索欲望更强，玩起来更专注，在与人交往时更友好。如果宝宝没有和妈妈建立起良好的情感纽带，宝宝的内心就会空虚，他时常会感到害怕，担心失去妈妈。他常常依赖妈妈，对外界环境充满了恐惧。

如何维系好情感纽带？

宝宝和妈妈之间建立起来的感情纽带，是宝宝幼年时期巨大的情感力量，能让他充满信心地成长。随着宝宝不断长大，亲子分离次数变多，这个纽带越来越成为维系亲子之情的重要链接，充实着两代人的情感世界。

那么，两三岁的宝宝，妈妈应该如何巩固并发展已经和他建立起来的感情纽带呢？

1．父母的情感要正向。

所谓的"言传不如身教"，就在于父母的行为对孩子会有直接的影响。任何一个家庭都不会没有矛盾或困难，关键在于以什么样的态度来处理这些矛盾和困难。以积极的态度处理问题，营造温馨的家庭氛围，会给宝宝正确的引导。

夫妻间的亲密关系是建立良好亲子关系的基础，不管是爸爸还是妈妈，都要避免和宝宝产生纠结式或疏离式的关系，非正常的亲子关系会直接影响宝宝的未来。

父母要以积极的态度面对家庭生活，营造健康的家庭氛围，这是送给宝宝最好的礼物，是爱的最好表达。

2．试图了解宝宝。

宝宝到了两三岁，感受力会更强，想法会更多，妈妈需要花一些心思来感知宝宝的心意，满足其合理需要。当妈妈满足不了他时，就要对他说明原因。

如何了解宝宝？妈妈不要主观臆断，更不要从大人的视角去揣摩宝宝的行为，而要想办法走进孩子的内心世界。妈妈除了要阅读相关的家庭教育书籍，学习专业知识，还要细心地观察宝宝，倾听宝宝的心声。

3．接纳宝宝的不良情绪。

当宝宝的某些需要没有获得满足的时候，他的情绪可能会很糟糕。这个时候，妈妈要接纳宝宝的痛苦，不要斥责，更不要贬低。即使宝宝大哭，妈妈也要耐心地陪伴在他身边，坚守原则。宝宝接受改变后会把行为方式内化，安全感会更强。

宝宝很"依恋"，这很正常

> 乔乔现在两岁半。以前，妈妈对他说要出去一会儿，让他自己跟奶奶在家里玩，他就乖乖地答应了，还挥挥手和妈妈说再见。可是最近，乔乔变了。只要妈妈出门，他就会快速穿鞋、拿衣服，嘴里大喊："我要和妈妈一起去。"如果妈妈不带他，他就会大哭大闹。

妈妈的不理解激发了宝宝的反抗

与妈妈建立起了安全型依恋关系的宝宝，抚养起来相对容易一些。在宝宝两三岁的某一天，在抚养宝宝的过程中，妈妈忽然觉得宝宝难缠了，很黏人。这是为什么呢？

宝宝心中有了担忧，担心妈妈不爱自己，担心妈妈离开后不回来了。他要和妈妈在一起，这样宝宝就可以时时刻刻验证到"妈妈很爱我，陪伴我，支持我"。有的时候，妈妈去卫生间，宝宝都要跟着，妈妈说："你去外边等，妈妈很快就出来。"即便这样也不行，宝宝就是不听。

如果有别的宝宝靠近妈妈，摸摸妈妈的头发，让妈妈抱一抱，宝宝看到后情绪就会立刻上来，很不友好地拉开对方。在宝宝眼里，妈妈是他的。

宝宝走过来，拉着妈妈的手说："妈妈，和我一起玩吧！"宝宝想通过妈妈和自己在一起的行为方式，来表达对妈妈的依恋。而妈妈呢，不理解他就可能辜负了他，会导致他大哭大闹。

实践证明，这个年龄段的宝宝不继续巩固他和妈妈早已建立起来的安全型依恋关系，就很可能使他陷入怀疑、不安、焦虑、怯懦等消极的情绪当中。

宝宝表现出对妈妈的依恋，可能是因为妈妈平时太忙，忽略了宝宝的情感需要，跟宝宝玩耍、交流的时间太少。要知道，即使宝宝到了两三岁，他的内心对妈妈的抚摸、拥抱等依然有着强烈的需要。如果宝宝没有得到满足，他就会表现出分离难、缠人、走哪跟哪的状况。

巩固安全型依恋关系的方法，与之前大不一样

懂教养的妈妈都知道，在宝宝出生以后，要培养他的安全感，和宝宝建立起安全型依恋关系是早期教养中最重要的事情。妈妈们会及时满足宝宝的身心需要：宝宝渴了饿了，妈妈及时喂养；宝宝尿了拉了，妈妈给他换上干净的衣服；宝宝醒了，妈妈抱着宝宝玩，哄宝宝开心。于是，宝宝就和妈妈建立起了安全型依恋关系。

宝宝到了两三岁，可能有一些担忧，特别是在自己淘气时屡次被妈妈教训后，宝宝的内心有些不安，害怕失去妈妈的爱。这个时候，妈妈仍要让宝宝感受到关爱。

1. 改变爱的方式。

宝宝出生之初，妈妈常以热切的拥抱、及时满足宝宝的生理需要等方式来与宝宝建立亲子关系。宝宝到了两三岁，已经有了独立于外界的感觉，有了自己的意识，妈妈就不能按着之前的方法来养育他了。

妈妈为宝宝做事，先要考虑到宝宝的意愿。当宝宝提出需求

时，妈妈不但要重视他在生理方面的需求，而且要重视他在精神方面的需求。

宝宝想让妈妈和自己一起做游戏，那么，妈妈就和宝宝一起玩吧！从宝宝的欢笑声里，妈妈会感受到，宝宝是多么渴望和自己在一起玩。

2．接受宝宝的依赖。

到了两三岁时，明明能走路的宝宝突然不想走路了，要妈妈抱。本来会自己用餐的宝宝，却张着嘴让妈妈来喂。如果类似的情况比较多，妈妈不要认为宝宝是在偷懒，而是宝宝从心理上依赖妈妈。妈妈不要觉得自己和他建立的安全性依恋关系瓦解了，这只是宝宝成长过程中的一种"退行"，过一段时间就会好的。

当宝宝要妈妈抱着走路时，如果宝宝的体重超过了30斤，身材纤细的妈妈承受不住，妈妈可以心平气和地跟他说："你已经是大宝宝了，体重增加了，妈妈已经抱了好长时间了。妈妈现在累了，你和妈妈拉着手一起走吧！"妈妈这么说，一般情况下，宝宝都能接受。但是，如果妈妈黑着脸对宝宝说"你都长这么大了，还让我抱着，想累死我啊"，扔下宝宝不管，这种做法肯定会伤害到他。

不要害怕伤了宝宝的"安全感"

小朋友们在公园里玩沙子，一位小朋友带了小铲子、小耙子、小盆子、小推车等工具，给每位小朋友各发一个，让大家在一起玩"运沙"游戏。小朋友没有力气，铲起来的沙子不多，但漏掉的沙子却很多，劳动成果不大，但他们依然玩得很开心。

昊昊拿着一把很小的铲子，每次铲起来的沙子比别的小朋友还要少，他看到同伴球球手里的铲子，就扔掉自己手里的铲子，一把夺过了球球的铲子。昊昊出其不意的"掠夺"行为让球球震惊了。等球球明白怎么回事后，昊昊已经拿着铲子去了沙堆的另一边。

昊昊妈赶紧跑过去要铲子，昊昊死死地拽住铲子，就是不给。昊昊妈不忍心让儿子伤心，于是转身去哄球球，此时的球球已经哭得像个泪人。

最后，还是昊昊妈打电话，让昊昊爸送过来一把铲子，才结束了这场闹剧。后来，昊昊妈说："当时，我也想把铲子从儿子的手里夺过来，可是，一看到儿子那渴望的眼神，我就心软了！"

安全感影响孩子的一生

这里的安全感，指的是宝宝完全确定父母对自己的爱，坚信父母永远都会无条件地爱自己。如果教养得当，在三岁左右，宝宝的安全感就基本建立起来了。安全感决定着宝宝性格的发展，有安全感的宝宝更有责任心，肯于信任他人。他们乐观向上，有自信，对世界充满了热情。

安全感是宝宝三岁前教养的重要内容。安全感一旦确立，一般不会动摇，而且是一生发展的基础。有安全感的宝宝，就会打下良好的人生基础。他是怀着对这个世界的美好向往开始自己的人生的。有了安全感，宝宝就会觉得自己可以获得父母的帮助，

43

在与外界互动的时候就会更有信心，因此，他更容易形成良好的品质。即使父母不在自己的身边，他也会有美好的期待和牵挂。

有安全感的宝宝，内心乐观而强大，情绪不会轻易被影响，遇到挫折时不会丧失信心，更不会一蹶不振。他性格独立，能够与环境和谐相处，不会对外在的事物有太强的依赖感，也不会过于在意别人的看法，能够遵从自己内心的需要。

宝宝出生以后，因为弱小，自己唯一的能力就是召唤父母。他必须靠着对父母的依赖而生存。在这种情况下，父母必须成为他的支持者。父母只有及时满足宝宝的需要，才能让宝宝建立起对这个世界的信任，并充满信心地生活下去。

有安全感的宝宝，意味着他和父母建立起了良好的情感链接。即使有一天孩子长大后去了很远的地方，他内心深处最柔软的栖息地仍然有父母的位置。他在规划自己的人生时，一定会把父母的晚年幸福考虑进去。

更强的安全感从哪里来？

在三岁以前，宝宝的安全感为他将来的人生打下了一个坚实的基础。在此基础上，我们继续培养宝宝的好品质，在未来的人生路上，他会拥有更强的安全感。

1. 经受挫折。

所有的成长都是要经历挫折的，也就是说，挫折是成长的要素，是抗挫折能力的诞生地。我们不能剥夺宝宝经历挫折的机会，否则，宝宝就如同温水里的青蛙一样，躲在父母的保护伞里，没有能力应对外界的风雨。两三岁的宝宝要经历的挫折比较简单，无非就是某个需要被拒绝，面对暂时性的与妈妈的分离，被限制一下行为的空间范围，等等。我们不要小看这些因素，它们能锻炼宝宝的接受能力。

2．限制宝宝的某些行为。

我们坚持限制宝宝的"不良"行为，他也会感觉到自己更有安全感，更加被爱护，而不是被遗弃。即便他当时有些痛苦，幸福的感觉却与日俱增。宝宝能够读懂我们教养的真正价值，就是让他成为一个有责任感、有担当的人。

同情心大爆发

妈妈和儿子一起看图片，儿子看到一个哭脸，就问妈妈："他怎么了？"妈妈说："他哭了！"儿子又问："他为什么哭？"妈妈想借此教育一下在外边乱跑的儿子，就说："他在外边乱跑，他的妈妈不要他了，因为他不听话。"儿子听了，哭着对妈妈说："妈妈，你给他的妈妈打电话，让他的妈妈来接他。"妈妈说："不打，打也没用，谁让他不听话！"儿子大哭，央求道："妈妈，你打电话吧！"妈妈说："好吧！"于是妈妈拿出手机，假装拨了个号码，说："大姐，快过来接您的儿子吧，他以后听您的话，不到处乱跑了！"打完电话，妈妈对儿子说："好了，他跟妈妈回家了，不哭了，咱们继续看书吧！"儿子不哭了，继续和妈妈一起读故事。

宝宝要表达爱，我们不能阻止他

两三岁的宝宝对别人的痛苦，已经有了一定的理解能力。这个时候，他会表现出同情心，会以自己的方式表达内心的感受，并想让事情变得更加美好。他想出来的方法往往很幼稚，但是，我们依然要尊重他，否则就会伤了他的心。

就像上面案例中的那个孩子，如果妈妈不打电话，他一定会不依不饶，一直伤心下去。好在妈妈理解了孩子的情感，按着他的要求做了，孩子的心愿达成后，内心就平静了许多。

满足宝宝热爱他人的方式，其实就是培养宝宝的爱心。爱心是人格的核心内容，决定了宝宝的道德发展方向。童年时代正是培养宝宝爱心的关键时期。

宝宝两三岁时，我们很容易培养他对悲欢的敏感和同情心。因为在这个年龄段，宝宝的心灵对苦难和不幸、烦恼和孤单最为敏感。

我们要重视宝宝的情感表达。当他有了关爱他人的行为时，我们不要以成人的视角去评判他。我们要接纳宝宝爱的行为，帮助他实现爱的愿望。

例如，儿子已经洗完澡躺在被窝里，就在妈妈昏昏欲睡的时候，儿子想起了外边的小猫，就问妈妈："小猫回家了吗？"妈妈说："可能回家了吧！"宝宝说："它要是不知道回家，那怎么办？外边下雪了，它会冻感冒的！"妈妈当然知道，流浪猫会给自己找一个温暖的地方去躲避寒冷，可是，怎么跟儿子说呢？妈妈这样对儿子说："它的妈妈会来接它的！"儿子还是不睡。白天，儿子跟猫猫玩得很开心，很惦记它。妈妈起来，给儿子穿好衣服，带他下楼。他们在白天一起玩过的地方没看到小猫，于是儿子放心了。他回到家里，很快就睡着了。劳累了一天，妈妈当然想休息，但是，儿子有心结不能入睡，妈妈必须压抑住自己内心的烦躁情绪，尽快处理好他的心结。

如何提升宝宝爱的力量？

两三岁是宝宝爱心萌动的阶段，因为这个时候的宝宝对幸福与苦难最为敏感，所以在这个阶段，我们最能培养他的爱心。

1. 接受宝宝表达的爱。

最方便也最应该表达的爱，是对亲人的爱。在宝宝成长过程中，所有的亲人对他的成长都给予了无私的关爱和照顾。因此，他会不自觉地表达爱。这个时候，我们要肯定宝宝的行为，从而鼓励宝宝对爱的表达。

例如，宝宝给奶奶捶背，问："奶奶，舒服吗?"这个时候，奶奶要赞美一句："舒服！我家宝贝懂得心疼奶奶了！宝贝好有爱，好孝顺啊！"宝宝会特别开心，更愿意为奶奶捶背。

我们的引导也很关键。例如，当宝宝吃糖的时候，妈妈说一句："宝宝，给妈妈一颗！"宝宝把糖给了妈妈，妈妈要亲亲宝宝，然后说："谢谢宝宝，妈妈好开心啊！"以后，宝宝吃糖，就能主动给别人分享一些。妈妈接受了宝宝表达的爱，宝宝感受到了爱妈妈的满足感，就会更愿意做一个有爱心的人。

2. 对玩具的爱。

宝宝高兴的时候会把小动物玩具抱在怀里，跟它说悄悄话。但是，在宝宝不高兴的时候，他可能会摔打它。这个时候，我们要告诉宝宝："这么做不友好，小动物会疼，它会不高兴，不愿意和你玩！"在清洗小动物玩具的时候，我们也要让宝宝参与进来。小动物玩具破了，我们要耐心地缝好。在这个过程中，我们可以培养宝宝对小动物的爱心。

3．换位思考。

例如，当宝宝用脚踩小虫子的时候，妈妈可以这样教育宝宝："小虫子会很疼！有人踩了你的脚，是不是很疼呢？小虫子很小，不仅疼，还会死，它的妈妈会很伤心！"妈妈这样教育宝宝后，他不但自己不踩小虫子，当有人踩小虫子的时候，他也会上前制止。他的理由很简单：小虫子会疼，它的妈妈会伤心。

你和宝宝关系好吗？

有位妈妈说："两岁半的儿子就喜欢我。他见到我，眉开眼笑，就再不跟别人玩了。看我要出门，他就跟在我的屁股后面，甩都甩不掉。有几次我一狠心，把他扔在家里，可他不知道哭了多少次，喊着要妈妈。他还让奶奶带着去他找妈妈。宝宝这么缠着我、听我的话，我有时特别满足，可我就是担心他将来无法独立。"

这位妈妈和宝宝的关系那么好，她的担心是否多余？

宝宝和你有关系

宝宝到了两岁半，妈妈走哪儿他就跟到哪儿。妈妈离开后，他就不跟其他人好好玩了。妈妈遇到这样的情况一定不要太高兴。宝宝到了这个年龄，已经有了独立意识。即使他想跟妈妈出去，当妈妈跟他说明不能带上他的理由后，他也应该能接受。

成长其实是一个逐步实现自我的过程。宝宝到了两三岁，已经开始了把自我从他人那里分化出来，即个体与原生家庭之间的分化。当我们要出去遛弯时，宝宝在玩小汽车，我们来一句："宝宝，该出去玩了！"宝宝可能会说："我不去！我要玩小汽车，你们去吧！"这表明，宝宝有了想继续玩小汽车的独立意愿。

宝宝的自我分化，核心的内容是自我与原生家庭之间的分化。这个过程，需要我们的支持，否则他会出现"情绪依恋"。比如，若夫妻双方经常存在不理性地处理问题的情况，久而久之，宝宝就会承接他们处理问题的情绪模式，不善于理性思考，难以独立。

当宝宝大声表达自我，不愿意听我们的安排的时候，我们应该高兴。他有自己的主意了，还有什么比这更令我们开心的呢？

如何建立和发展良好的亲子关系？

亲子关系是母子或父子生活中最重要的关系。建立和发展良好的亲子关系不是自然而然的事情。作为父母，并不是我们尽全力满足了宝宝的需要，宝宝就能以爱的方式回报我们。我们要懂得，如何合理地处理自己和宝宝的关系，才不会被亲子矛盾困扰一生。

1．把尊重放在第一位。

在教育宝宝的方式上，"疼爱容易尊重难"。我们疼爱宝宝的本领与生俱来，尊重宝宝的方法却需要我们好好学习。受代代传递下来的家风影响，我们的头脑中可能还残留着"父为子纲，君为臣纲，夫为妇纲"的封建思想，在孩子面前会表现出父母的派头。例如，我们会不自觉地替宝宝作主，对着宝宝唠叨，随意评价宝宝的行为，向宝宝发号施令，等等。这样的行为，会伤害宝宝的自尊心，激发他们的反抗情绪。

两三岁的宝宝独立意识很强，他渴望自己作主，会努力排除我们的想法。这时，我们要懂宝宝的心，努力接纳他，甚至可以在全家集体行动前郑重地征求宝宝的意见。宝宝自己的事情就让他作主，这样，宝宝感受到我们把他当成"小大人"，独立的愿望获得满足，反抗情绪就会小很多。

2．把宝宝的安全和舒适放在首位。

两三岁是宝宝建立安全感的关键期。这个时候，我们要充分满足宝宝的身心需要，让宝宝在一个舒适的环境中成长。时间一长，他和我们之间的情感纽带就很好地建立起来了。

3．学会观察和倾听。

我们要学会观察和倾听，这样有助于我们了解宝宝的心声。我们要做到不盲目，不随性，更不去做宝宝不喜欢的事情。这样，我们就不会触犯宝宝的"独立疆域"了。

4．多鼓励，不打击。

两三岁的宝宝，发展自身能力的欲望很强，看到妈妈做事就会抢着干，不过会给妈妈带来不小的麻烦。就拿拖地这件事来说，妈妈十几分钟就能让地板光滑锃亮。宝宝把抹布拿来了，一起擦，结果哪里都没擦干净，妈妈还要多折腾半个小时。

即使这样，妈妈也不要打击宝宝，而要鼓励几句："我家宝宝会帮妈妈擦地了。就这样，慢慢擦，很好啊!"宝宝听了心情好，当然就更喜欢帮妈妈做事了。

5. 宝宝状态不好，问题在于父母。

宝宝不开心，这个时候我们要有耐心。我们要知道，宝宝也会有情绪低落的时候。这个时候，我们最好先弄清楚："我们是否惹宝宝生气了?""他为什么不开心?"是我们的错，我们就要想办法弥补。不是我们的错误，我们也不要呵斥或制止。默默地陪伴宝宝，有助于提振他的情绪。

6. 别说"你给我……"

有时候，宝宝会拿起一件物品，比如钳子或锤子，父母觉得有危险或者不适合宝宝玩，就会很严厉地来一句："你给我放下!"潜台词就是：这些物品是我的，你得听我的。宝宝被这样的思想灌输后，会被"我是父母的"这种意识压迫，不利于他独立发展。

触动情感纽带，他会大喊大叫

琪琪和小朋友在小公园里玩，学园丁爷爷锄草。一会儿，她感觉好累，扭头看妈妈。妈妈正拉着一个小朋友的手聊天呢，还面带笑容。琪琪丢下手里的工具，赶紧跑过去，用力拉开妈妈的手，抿着嘴唇向着小朋友说："走开，这是我的妈妈!"小朋友可能很喜欢这种感觉，不甘心被分开，绕过琪琪又去拉琪琪妈妈的手。琪琪不干了，就张大嘴巴，冲着小朋友挥舞胳膊，然后喊道："走开啊！"搞得大家哈哈大笑！

宝宝有安全感，也怕失去爱

妈妈带宝宝参加聚会，大家一起玩时，妈妈总会情不自禁地夸奖或者抱一下别人家的宝宝。这个时候，自己的宝宝看到了，会赶紧跑过来，怒视妈妈。有的宝宝还会大喊大叫，甚至大打出手。

宝宝为什么会这样？宝宝想以自己的反抗来证明自己是值得关注的——他要赢得妈妈对自己的关注。即使宝宝和妈妈已经建立起了安全型依恋关系，拥有"无论什么时候什么情况，妈妈都爱我"的自信，但他也会在意妈妈和别的小朋友在一起。因此，妈妈需要在意宝宝的感受。

所以，为了防止宝宝产生嫉妒心理，妈妈平时要多关爱宝宝，满足宝宝在情感上的依恋，不要当着宝宝的面夸奖别的孩子。即使要夸奖，妈妈也要先夸夸自己的宝宝。妈妈要经常这样向宝宝表达："妈妈爱你，你是妈妈的好孩子，妈妈最爱你！"

当妈妈和宝宝建立起了稳固的情感纽带时，宝宝的自我价值感就会以自我实现为导向，而不是以讨好妈妈、讨好别人、向别人证明自己为导向了。

我们都希望宝宝长大后成为一个独立的人，宝宝能否具有独立的品质，我们的教养很重要。

宝宝安全感不足的常见情况

我们需要在宝宝成长的过程中不断地进行自我反省，通过宝宝的外显行为来审视自身的教育行为是否契合孩子的心理发展特点。我们想知道宝宝是否有了足够的安全感，可以通过以下几个方面来观察：

1．分离后的表现。

妈妈出门后，宝宝会大哭。在妈妈离开的整个时间里，宝宝的负面情绪都无法消散，他哭哭啼啼，对玩具没有兴趣，见到小朋友也不愿意一起玩，不高兴了还打人。宝宝出现这种情况，可能是安全感不足。

2．走到哪跟到哪。

无论在家里还是外头，宝宝仿佛是妈妈的小跟班，负责踩妈妈的脚印。我们千万不要认为这是"宝宝在听话"。两三岁本是宝宝好奇心、好动性最强的时期，自由自在地玩耍是身心发展的需要。如果宝宝对外在环境不好奇，没有探索欲望，那么他内心的安全感可能不足。

3．分分钟都要陪。

两三岁的宝宝，已经有了独立的需要，需要自己的独立空间。如果他们分分钟都需要妈妈陪伴，妈妈不在身边就喊。妈妈一离开，宝宝就不能很投入地玩耍。这种情况，极有可能是宝宝安全感不足。

4．难以适应陌生的环境。

宝宝对陌生环境有陌生感很正常。他玩一会儿，跟这里的人、场景熟了，就能自由自在地玩了。如果宝宝做不到这一点，目光中的恐惧感迟迟不能消散，说明宝宝的安全感不足。

宝宝大喊："妈妈，陪我一起玩！"

妈妈拿着手机躲到卧室"刷朋友圈"或"追剧"时，会听到在客厅里玩耍的宝宝大喊："妈妈，过来呀，陪我玩一会儿！快点过来呀！"作为妈妈，你是怎么做的呢？你是立刻放下手机，过去陪宝宝玩游戏，还是对着宝宝大喊？

三岁前，陪伴是最好的教养

宝宝到了两三岁，已经能够清楚地意识到谁能够给他安全感。所以，当他有需要的时候，我们一定要充分地满足他。

陪伴是最好的教养。我们陪伴在宝宝身边，更有利于自己了解宝宝的脾气禀性、气质特点，洞悉宝宝的情感需要。

我们陪在宝宝身边，给予最好的照顾、最亲密的接触、最贴心的配合，这样宝宝时时刻刻都能感受到我们的爱护和理解，会觉得自己生活在一个安全的或衣食无忧的环境中。他们会觉得，自己的需要都能被满足，自己是被父母喜欢的孩子，父母无时无刻不在保护自己。内心感受着爱的宝宝，他的情绪是快乐的、幸福的、甜蜜的，他的安全感就强。

有父母陪伴的宝宝，他们的安全感会更强。在两三岁的时候，宝宝如果安全感程度不同，他们的外在表现就有很大的不同。

在儿童乐园，俊俊和凯凯一起堆积木，积木是那种大块的海绵积木，能堆出好高的"楼房"。凯凯比较主动，把积木搬过来，并堆上去；而俊俊呢，只是配合，偶尔捡一块递给凯凯。当积木堆起的高度超过了两个孩子的身高时，"楼房"倒塌了。凯凯咧咧嘴，耸耸肩，说："咱们再来一遍吧！"而俊俊则后退了一步，哭了起来，嘴里念叨："楼房倒了！"

小朋友明明过来一起堆积木。凯凯非常热情地欢迎他，并和他一起堆了起来。俊俊则显得不开心，目光中流露出不欢迎的态度。他拿的积木不给新来的明明。

平时，凯凯都很开心，对人有礼貌，见人会主动打招呼。什么事情，他都喜欢和妈妈一起商量。

俊俊则不一样，有时候会打招呼，有时候不出声。他要是不高兴了，连爷爷奶奶都敢打。

凯凯从出生到三岁，都是跟父母一起生活。俊俊的妈妈在他出生半年后就出国了，俊俊和妈妈在国外一起生活到一岁半时，妈妈因没有时间照顾俊俊，就把他送回国跟爷爷奶奶一起生活。很明显，俊俊在成长过程中，没有稳固的陪伴人群，他的安全感不足，性格不够乐观。

两三岁的宝宝，需要有质量的陪伴

宝宝到了两三岁，我们已然不能把他当成"小皇帝"，但是，我们也不能忽略对宝宝的陪伴。那么，这个年龄段，我们该怎么陪伴宝宝呢？

1. 有单独和宝宝在一起的时间。

宝宝到了两三岁，大部分妈妈已经回到职场。不管工作有多忙，事业心有多强，妈妈都要尽可能多地和宝宝在一起。

作为父母，我们要重视对宝宝的陪伴。我们可以推掉饭局，回家和宝宝吃一顿饭；我们可以减少做头发的时间，回来和宝宝一起玩耍；购物的时候，我们可以带上宝宝；我们可以把手机放进包里，踏踏实实地和宝宝一起玩……总之，我们在每天的时间安排上都应该有一些单独和宝宝在一起的时间，满足宝宝的心愿。

2．一起玩游戏。

两三岁的宝宝视游戏为生命，他们在游戏中习得规则，开发智力，发展身体机能。父母可以陪宝宝一起玩游戏。父母和宝宝一起玩，要装得和宝宝一样不太会玩，并遵从宝宝的心愿。

和宝宝一起玩游戏，是一个越玩越会玩的过程，不需要担心没什么可玩。父母儿时玩过的游戏，可以拿出来和宝宝一起玩，宝宝会高兴得合不拢嘴，他的心就会和父母更加贴近了。

3．一起出游。

亲子出游是加深感情的好途径。出游可以满足宝宝的猎奇心理，愉悦心情，亲子沟通会变得更容易，必然会加深亲子感情。

宝宝是一个积极的观察者，他通过感官努力去感知外部的世界。光线、色彩、声音、形状等因素能够强烈地吸引他，除了风景区，自然博物馆、科技园、展览馆都是不错的选择。

父母要带宝宝走出家门，去周围的广场、公园、博物馆、文化宫等地方。宝宝兴致高昂，内心甜蜜而满足，必然会加固亲子之间的情感纽带。

4．和宝宝一起睡。

到了两三岁，大部分宝宝已经独立睡了。遇到生病、心情不好、天太冷等情况，宝宝偶尔会要求和妈妈一起睡。宝宝感受着妈妈的温暖，睡得会更踏实。

第三章

叛逆的最好走向：构建主动性

两三岁是宝宝自主性发展的重要阶段，宝宝能否成为一个积极主动的人，就在于两三岁时是否获得了"自主"。当宝宝以叛逆的形式表达自主的愿望时，这就需要我们从他的叛逆行为中，捕捉自主的信号，给宝宝历练的机会。我们做得好，就能养育出一个真正具有主动性、不依赖他人的宝宝。

我们可能会忽略"宝宝长大了"的事实

天气凉了，妈妈给宝宝穿衣服。习惯了夏天在家里不穿衣服的宝宝，没有认识到秋天和夏天不一样，不想穿衣服。妈妈告诉他："天凉了，要穿上衣服，这样才不会觉得冷。"宝宝还是不穿，可能是他不能把"凉"与"穿衣服"这两件事情联系起来，也没有认识到不穿衣服的后果。

宝宝"长大"了

我们用"叛逆"这个词来形容宝宝的不合作状态，可能会忽视宝宝行为背后的成长需求。

自以为已经长大的宝宝，看到那么多人在街道上潇洒地走来走去，就想自己走，这是很正常的愿望。而妈妈呢？觉得宝宝还小，不能很好地躲开行人，认为拉着手走路最安全。宝宝要自己走，还要拎东西，妈妈岂能答应？

妈妈跟宝宝说了拉着手走路的理由，宝宝还是坚持要自己走。在妈妈看来，就是宝宝太"混"，太叛逆，故意作对。

如果妈妈换位思考一下：宝宝以前怎么那么听话？因为那时宝宝还小，自我意识还没有发展起来，对妈妈的依恋感很强。宝宝两三岁后，会变得更加独立。他要划清自己和父母的界限，要表达自己的能力，要求按着自己的意愿来行事，不要别人干涉他。一旦有人妨碍他实现自己的意愿，他就要反抗。

从宝宝的角度看，这不是他对大人、对周围环境的叛逆，而是他自我意愿的表达与维护。环境阻碍了他的成长，宝宝必然要反抗。

不阻碍宝宝独立

宝宝出生以后，时时刻刻都在快速成长，"快快长大"是他的心声，也是他努力的方向。

宝宝到了两岁，体重有二十多斤，身高大约有九十厘米。他不但会走，还会跑。他躺在床上，几乎占满了小床。他在睡觉前，还会伸着胖乎乎的小手，给家人安排位置。谁不听他安排，他就跟谁闹。他想让你走，就会推你、挠你，不达目的不罢休。

在宝宝心中，自己的本领已经很大了。他站在妈妈身边，随时能伸起胳膊拉住妈妈的手。他不但能走，还能快速地跑。他能去想去的地方，玩想玩的玩具。那时候，他已经是个"小大人"了。在某个时刻，他还会流露出心声："我已经是大孩子了！"在妈妈眼里，宝宝的身高变化比较大，但他还是小孩子，很多事情还做不好，需要大人代劳。但是，在宝宝眼里，可不是这样。他觉得自己长大了，独立了。父母不阻碍宝宝独立，要做到以下几点：

1．要认识到宝宝"长大了"。

父母的内心时时刻刻都渴望着宝宝快快长大，生活能够自理，却不停地用行动提醒着宝宝"你还小"。当父母无视宝宝"要自己来"的欲望，宝宝到了两三岁时，父母依然给他喂饭、擦鼻涕、搬板凳、穿衣服……父母就是这样以行动告诉宝宝"你还不够独立"。

宝宝是成长的主体，教育活动是要围绕宝宝来开展的。当父母的教育明显落后于宝宝的成长，教育行为与成长需要不对等的时候，宝宝会感觉自己被捆住了手脚。他要彰显生命的活力，就会挣脱父母的束缚。

成长是一次"有目的的行动"。宝宝的很多行为是内在生命力驱动下的成长需要，同时给父母提供了发现宝宝潜能的机会。忽视或者不在乎，结局就是阻止或减缓宝宝的成长。

2．父母的忽视或不懂，会引起宝宝的反抗。

父母必须承认，很多时候由于自己的不用心、不在意，在没有了解孩子意图的时候就做出决定，这对一个自然而然走向独立的宝宝是一种莽撞的行为，他当然会反抗。

父母要及时醒悟：宝宝到了两三岁，已经不是那个吃喝拉撒都完全依赖大人的小人儿，而是一个"小大人"了。什么事情他都要自己试一试，看看自己有多大本事，要把自己从周围环境中分离出来。宝宝的自主意愿得到满足，宝宝就会觉得自己是被理解、被认可的，就不会发脾气。

3．不阻碍宝宝独立。

成长是一个获得身体独立和心理独立的过程。两三岁的宝宝经历了对身体的感知后，能爬、能站、能走，对外界的感知越来越多，逐渐在社会群体中形成独立意识。

比如，宝宝在就餐的时候，要按自己的方式来，不接受别人夹的菜，要使用叉子而不是勺子。这个时候，父母不理解宝宝的意愿，不停地指挥他，他的主观意愿受到阻碍后，会表现得非常执拗和任性。

父母要明白，两三岁的宝宝已经有了较强的自我意识，他的主导意识很强，需要通过与外部世界建立的联系来认识自我。

巧妙激发宝宝的主动性

儿子看到妈妈舞动着红色鞋刷，很感兴趣，于是来到跟前，说："妈妈，我要刷！"

"躲开！"妈妈大声说道。

儿子不干，要抢刷子。妈妈一来气，把鞋刷扔给了他，去干别的事情了。妈妈离开后，宝宝玩得不亦乐乎，拿着刷子学着妈妈的样子刷鞋，水溅得到处都是，衣服也湿了。宝宝大呼："妈妈，妈妈，洒水了！我洒水了！"

宝宝觉得自己行，才会有主动性

宝宝到了两三岁，在妈妈做事的时候，他会立刻凑过来。如果妈妈拒绝他，他会振振有词："妈妈，我帮你干！""我会干了！""我长大了！"宝宝没有吹牛，有些活，宝宝的确能干了，比如搬个小凳子、拿鞋子、取个苹果什么的。

如果妈妈邀请他一起摘豆角，等他快乐地忙完后，妈妈对他说："谢谢宝贝，你真是个好孩子，会帮妈妈摘豆角了！"有过几次类似的夸奖后，宝宝的自信心会大大提升。不管妈妈做什么，他都会来一句："妈妈，我帮你！"俨然成了一个"小大人"，可爱到"爆表"。这个时候，妈妈应该怎么做呢？只要宝宝不影响自己，就让他参与进来吧。

宝宝有了独立意识后，会有支配自己行为的欲望，特别需要体会通过做事给自己带来的感受。他做的事情越多，愿望就越强，也就越主动。大家都知道，宝宝的主动性非常宝贵，是发展宝宝的自信心、自觉性和责任感的基础。

主动性是指个体按照自己设置的目标行动，而不依赖外力推动的行为品质。当一个人做事的动力来自自己内在的需要和动机的时候，他就是一个有主动性的人。

每个人都是有一定的主动性的，会按着自己的需要去做事。即便是襁褓中的婴儿，饿了也会以哭泣的方式要吃要喝。两三岁的宝宝虽然不会特别主动，但他已具备一定的主动性，需要父母好好培育。

如何从小培养宝宝的主动性？

肯定是对宝宝主动性进行最好的保护。当宝宝主动要做某件事情的时候，父母可以这样说："宝宝懂得做事了，长大了啊！""宝宝很能干！""宝宝，你真棒！"其实，宝宝不会做事，需要父母引导，那么父母怎么引导才不会打击宝宝的积极性呢？可以把一件事分为几个部分，把复杂的任务简单化，然后把极简单的任务分配给宝宝。比如，在洗菜时，妈妈可以这样跟宝宝说："你帮妈妈把水龙头拧开，然后妈妈来洗菜，好不好？"

总之，父母要对宝宝的积极性持肯定的态度。

1. 支持宝宝做事。

两三岁的宝宝一般不会做事，但做事的热情却很高。宝宝的热情越高，他的成长愿望就会越强烈。父母要给宝宝做事的机会，包容他做不好的麻烦，同时寻找机会给他鼓励。这样，宝宝就能从实践中获得成功的经验。时间长了，他就学会做事了。

两三岁的宝宝想做的事情，都是大人日常要做的事情，比如扫地、洗菜等。但对两三岁的宝宝来讲，却需要经历一个"做坏——弄乱——搞砸"的过程。

例如，剥熟鸡蛋对大人来讲，是很容易做到的事情，但对两三岁的宝宝来讲，需要剥的时间长一点儿。他可能会把鸡蛋弄碎，把蛋黄撒得到处都是。这个时候，父母要有耐心，让他自己学会收拾"残局"。宝宝吃到自己剥出来的鸡蛋，会非常开心。父母在这个时候要及时表扬他，鼓励他。

2. 父母不代劳。

父母支持宝宝做事，一定要避免自己伸手代劳。宝宝每完成一件事情就会感到自豪。他会觉得，自己能做事了。他强烈渴望尽早摆脱父母的监控，寻求独立。但是，他有时候会有做不下去的情况，情绪会变得糟糕。比如，宝宝想喝酸奶，要自己拧瓶盖，却拧不开，父母可以默默地帮他拧开一小点儿，这样他继续拧就容易了。困难解决了，宝宝也就开心了。父母的有效帮助，可以避免宝宝因为遭遇失败而丧失信心。

3. 获取成功的经验，增强自豪感。

一次次的失败会让宝宝觉得，所有的事情都那么难，自己完成不了。于是，他做事的主动性就在这样的认识中一点点地消退。相反，一次又一次的成功不仅能增加宝宝做事的积极性和主动性，而且他对难易度会有比较准确的评估。

宝宝有了比较准确的评估，不会任意妄为。面对自己不能胜任的事情，他会寻求帮助。当宝宝向父母寻求帮助的时候，父母要肯定宝宝的做法。父母可以这样对宝宝说："哦，宝宝懂事了！有些事情做不了，会向爸爸妈妈求助了。"父母要是觉得有些事情宝宝可以做，就要鼓励他几句："来，我帮你想个办法，然后你自己来做。"

两三岁的宝宝自我意识还很薄弱，他对自己的认识主要来自父母的看法和评价。父母的评价对宝宝有很强的暗示作用。因此，父母要多鼓励，不谴责，这样有利于宝宝建立自信，更快地走向独立。

宝宝的意愿，他自己真的能搞清楚吗？

做饭前，妈妈问儿子："儿子，晚上吃什么主食，馒头还是米饭？"儿子说："随便！"这句话是完全照搬爸爸的口头语。一般情况下，妈妈问爸爸晚饭吃什么，爸爸的答案大部分是"随便"。妈妈再问："是吃馒头，还是米饭？"儿子说："馒头！"妈妈知道，儿子不喜欢吃馒头。于是，妈妈还是做了米饭。米饭做好后，儿子吃得特别香，根本就没提馒头的事儿。

叛逆的原因，在于宝宝的自主性

两三岁的宝宝已经是"小大人"了，他的事情他要自己做主。我们如果意识不到这一点，忽视了他的独立需求，就会遭到他的反抗。"我不要""我不""不行"……当这样的话语从宝宝嘴里说出来时，我们要知道，宝宝有了自己的判断和选择——他想自己做主。

宝宝强烈反对他人替自己做决定，他那是在表明自己有独立选择的能力。为了把自我意识与他人的意识分开，他会高声表示反对。这个时候，我们千万不要流露出一副嫌弃的样子，然后远离宝宝。我们要知道，宝宝的事情，就是要他自己参与，参与的过程就是成长的过程。

宝宝费了好大的力气，才把一双袜子从脚上拽了下来，会觉得这是一件很开心的事情。为什么呢？宝宝成功地完成脱袜子这件事情后，内心是非常满足的。自主带给他自信，他觉得自己能做事了。以后呢，他想什么时候脱下来就能什么时候脱下来，不需要寻求我们的帮助。

两三岁的宝宝正在建立自我意识，每一次的自主行为都是一次自我独立的宣言，他的内心也会变得强大一点儿。我们作为宝宝成长路上的支持者，当然要探究他说"不"字后面的心理意向，以满足他的真实需求。

如何了解宝宝的真实意愿？

当宝宝的自主意愿以叛逆的形式外显出来后，我们不假思索地将这种情况定性为"宝宝不听话"，就蒙蔽了自己的眼睛，弄不清宝宝的真正意图，从而会影响到宝宝自主能力的培养。如何识别并支持宝宝的自主需要，是每位家长都要习得的一项能力。

宝宝真正的意愿是什么？最为常见的情况有以下三种：

1．宝宝懂得自己的意愿，并能用语言表达出来。

当宝宝有了自己的想法，在父母的启发下，他能很好地表达出来。只要我们有足够的耐心，启发他用语言表达自己的意愿，我们就容易满足他。

例如，妈妈做了面条，给儿子盛好。他看着饭直摇头。妈妈问："你不饿？"儿子说："我不吃面条！"这下好办了，妈妈接着问："妈妈给你煮饺子去，好不好？"儿子笑逐颜开，说："好！"这回，妈妈应该想到，宝宝已经连续吃了三顿面条，一定是吃腻了！

这类宝宝最好带了。我们在平时要多征求宝宝的意见，尊重他的选择，宝宝接受起来也比较容易。

2．宝宝懂得自己的意愿，但还不能用语言表达出来。

有的时候，宝宝心里清楚自己的意愿，但还不能用语言表达出来。有的宝宝两岁了，语言表达能力仍然不强，如果脾气比较急，就容易哭闹、反抗。他什么都不说，就是哭闹。

比如，妈妈做了面条，宝宝确实饿了，但又不吃，还在一边哭。这种情况下，我们需要问宝宝："为什么不吃？不饿？嫌热？想吃饺子？"我们提供几个颇具可能性的答案让宝宝来选择，问题就变得明朗了。

对于这类宝宝，我们在平时要多跟他说话。在事情开始之前，我们要征求宝宝的意见，提升宝宝"我口说我心"的能力。

3．宝宝也不清楚自己的意愿。

有的时候，宝宝不接受长辈的安排，不等于他有具体的要求。其实，要一个什么样的结果，他自己也不清楚。遇到这种情况，最佳答案就是：我们要想办法让宝宝接受。

如何让宝宝接受？例如，妈妈做了面条，宝宝不吃。妈妈问他想吃什么，他回答不上来。我们提供答案，他不选择。那么，他最先考虑的答案可能是面条。看着宝宝情绪好了，可以说，"我家宝宝最喜欢面条了，加点肉，就更香了！对了，还要加点西红柿，好美味啊！"一般情况下，如果宝宝上顿饭吃的不是面条，他平时对面条不排斥，就能接受了。

如果宝宝情绪不好，我们要先陪宝宝玩一会儿，等宝宝高兴了，再开始劝说他吃饭，效果比较好。

宝宝为何哭闹，不自己来？

京京三岁了，要吃橘子，妈妈让他自己来！他说："妈妈给我拿！"妈妈正忙着呢，橘子就在茶几上，他完全可以自己拿。但是，京京就是坐在沙发上不动，并固执地说道："妈妈给我拿，妈妈剥皮了，我再吃。"他还一个劲儿地催促妈妈。妈妈不动，他就咧着嘴哭。

宝宝到了两三岁，已经具备自己吃橘子的能力了。为什么他不自己来，而要喊妈妈呢？很可能就是妈妈没有培养他的自主能力。

自主是两三岁宝宝的成长任务

两三岁是发展宝宝自主性的关键期，这个阶段的宝宝已经有了自主的愿望。他会抢过小勺自己吃饭，还会把脱下的衣服放到洗衣机里。当宝宝有了自主的愿望时，我们就要给宝宝做事的机会，教他如何做。如果宝宝到了三岁后还不能自己吃饭、穿衣、讲卫生等，他就可能会怀疑自己的能力，缺乏自信。

培养宝宝的自主能力很重要，因为宝宝的社会化进程是一个连续的过程，前一个进程没有发展好，一定会影响后一个进程的发展，宝宝的身心发展就会滞后。

如果我们没有适当放权让宝宝自己来，等他到了两三岁，我们再让他自己做事，他可能会说："妈妈来！"妈妈要是不帮忙，他可能会哭闹。

每个宝宝的生活自理能力各不相同。有的宝宝已经能够自己小便，自己穿衣服，有的宝宝却不能把一只袜子成功地套到脚上。宝宝的生活自理能力与我们的培养密切相关。

有的父母说："我教宝宝了，但是他学不会。等他长大一点儿再说吧！"就拿穿衣服这件事情来讲，教会宝宝的确有些困难，我们需要一些耐心。但是，只要教，我们就一定有收获。

我们会在培养宝宝自理能力的过程中，获得一种感受，那就是：即使在自己的指导下，宝宝只是成功地穿好了一双袜子，他也会非常开心。如果我们表扬宝宝几句，宝宝就会高兴得合不拢嘴。下次，他就更愿意自己穿袜子了！

从小的行为开始，培养宝宝的自主能力

从拿一些小物品到喝水、穿衣、吃饭等，宝宝的动手能力会一天比一天强。但是，让宝宝拥有完全的自理能力，我们却不能着急。我们要做到以下几点：

1. 行为示范。

两三岁的宝宝思维比较简单，看到什么就学什么。如果宝宝要吃橘子，妈妈可以在他面前慢慢剥开一个，然后说："宝宝，和妈妈一起剥橘子。"他就能学着妈妈的动作，一点点地剥橘子吃

了。他多剥几次后，就掌握了这项技能了。

剥橘子看起来很简单，但对宝宝来讲，由于手部肌肉力量不够，灵活性不足，刚开始会出现剥不下来或剥碎了的情况，宝宝可能会哭闹。我们可能不理解。要知道，这个年龄段的宝宝正处于追求完美的敏感期。橘子破损了，他就会不开心。我们可以给宝宝拿一个新的橘子，让他重新剥开，这样做既满足了宝宝追求完美的愿望，又再一次训练了他剥橘子的动作。

不管是剥橘子，还是做其他事情，都有个过程，我们都不要急，要耐心指导宝宝。宝宝在练习的过程中不仅锻炼了动手能力，促进了大脑发育，而且提升了自信心，促进了自主能力的发展。

2．不说教。

即便是最简单的事情，也需要我们示范给宝宝看，教他怎么做。他在这个年龄段，难以把我们的指导纲领变成行动。我们千万不要这样对宝宝说："跟你说了，你怎么不听呢？怎么还不会呢？"这样的说教暴露了我们在教养方式上的不足，会伤到宝宝的心。

3．放下高标准。

我们经常会听到一些没有陪在宝宝身边的父母这样抱怨："宝宝都两岁半了，还不会自己撒尿呢！"宝宝到了两岁半，有的能自己脱裤子，有的还脱不利索。宝宝到了三岁基本就能掌握这项生活技能了。

作为父母，当我们发现宝宝的自理能力不够强的时候，我们不要着急，而要帮助宝宝从最简单的事情开始做起，比如取东西、收拾物品、脱衣服、吃饭、找衣服，等等。等简单的事情宝宝能够熟练地完成了，我们再让他学做一些稍微复杂的事情。只有这样，宝宝才有进步，才有信心。

你的宝宝自信吗?

夏令时节,小朋友们都在外边玩,妈妈们会带一些洗干净了的水果和大家一起分享。奶奶也带着硕硕过来和大家一起玩。

有位妈妈给硕硕一个小西红柿,奶奶让硕硕自己去拿。硕硕靠在奶奶身上,一动不动。这时,过来一个小朋友,把硕硕的球从他手里抢走了,硕硕就不停地哭。几位妈妈喊住抢球的小朋友,一起鼓励硕硕走过去拿回来,可他就是不敢去。

只有满足了宝宝的自主需要,他才有自信

宝宝出生以后,表现出来的状态是对自己充满了自信,而这种自信只是一种本能。宝宝在本能的驱使下活动,在和外界的互动中逐渐认识世界,也逐渐认识自我。当宝宝感觉外部世界比较友好时,宝宝就会感到开心,这种认识随着时间发展,就形成了自信。

相反,如果外部世界给予宝宝的感受是不友好的,宝宝的自信心就会受到伤害。宝宝就会产生自卑心理,把自己看得过于渺小,而把外部世界看得过于强大。

宝宝有了自主意愿,不等于具备自主能力。两三岁的宝宝有了自主意愿,如果我们尊重他,不在意宝宝穿衣动作慢、搞乱环境、浪费时间等,那么,宝宝的自我意识就会增强。在不断获得我们的支持和鼓励的过程中,宝宝就会主动探索,从而获得更多的自信。

两三岁的宝宝如何培养自信心?

两三岁的宝宝能否循着自主意识,发展出自主能力,并拥有自信心,全在我们对他的教养。

1. 宝宝进步了,我们要鼓励。

这个阶段,宝宝的学习能力很强。他看到有人往包里放东西,也要把东西放进去。但是,由于他的手部肌肉灵活性不够,所以做起事来可能会比较费劲。起初,如果宝宝没有大人的帮助,东西可能放不进去。但是,他尝试几次以后,就能胜任了。他会反复地往包里放东西。宝宝把东西放进去了,我们不妨鼓励一句:"宝宝好厉害,能把小汽车放到包里了。"

宝宝喜欢垒高,即便他垒出了一个"四不像"的建筑,我们也要鼓励一下:"宝宝真厉害,都垒了这么高的建筑。你太有力气了!"我们的鼓励能够强化宝宝的行为,促使宝宝再来一次,反复练习。经过多次练习后,宝宝可以做得更好。

2. 宝宝管我们时,我们要坦然接受。

有一次,妈妈和宝宝一起在超市购物。妈妈随手把一包面膜扔进了购物车,宝宝看见了,就说:"这个咱家有,别买了!"家里确实有。两岁半的儿子竟然把妈妈的"奢侈"行为看在眼里,并制止妈妈的不理智行为。宝宝都说了,妈妈不得不遵从,于是只好放了回去。

妈妈当然不能这样说:"我的钱,用你管我啊?"这样的话会破坏了家庭成员之间的平等性。要知道,孩子管我们的行为肯定是从我们身上学来的。当宝宝要买喜欢的玩具时,我们来一句:"家里有,不买了!"宝宝就乖乖地不买了。这个过程,他们懂得,家里有的东西不能买。在宝宝眼里,这是一条家规,宝宝要遵守,大人也要遵守。

3．关注宝宝的兴趣。

如果宝宝表现出了对某个领域的兴趣，很专注地投入其中，我们要给予肯定。当宝宝遇到困难的时候，我们也要即时给予引导和指点，可以避免宝宝因为困难而退缩不前。这样做，有助于扩大宝宝的兴趣，培养宝宝的毅力。

宝宝大喊："我就要这个！"

天热了，妈妈带宝宝去买 T 恤。由于款式很多，妈妈挨个看。品质、花色、图案什么的，妈妈都要好好比较。当妈妈看中一款，说："宝宝，来试一试？"宝宝来一句："我不要这个，我要这个超级飞侠！"妈妈看一眼宝宝要的那件 T 恤，尺码要大三四号，他怎么可以穿？可是，他想要。如果不买，他就会哭闹。为了照顾宝宝的情绪，妈妈还是买了。大点儿也没什么，明年也可以穿啊，浪费不掉。

我们会不自觉地代替宝宝做决定

宝宝的事情，该由宝宝自己来做决定。当宝宝提出要求，我们没有采纳的时候，宝宝会有情绪。我们一定不要埋怨宝宝，因为这不是宝宝的错，而是我们自己太不顾及宝宝的心理感受。

宝宝选择的，一定是他当时渴望的。基于这样的心理，一些父母就不自觉地代替宝宝做出选择。

要知道，这么做，除了忽视了宝宝的心意，也让宝宝丧失了选择的兴趣。既然自己的选择不能实现，就没有必要再次做出选择。不做选择意味着被动接受，放弃思考，听之任之。这是一种消极的态度，宝宝一旦形成，一生都会被动。

让宝宝选择，更有利于成长

宝宝需要选择权，这一点我们一定要搞清楚。在宝宝眼里，做决定是一件能彰显独立能力的事情。

1．宝宝有选择，我们都要满足。

对宝宝来讲，选择是一件彰显独立能力的事情，更是思维发展的前奏。我们一定要给宝宝选择的机会。

宝宝思维水平不高，选择的失误率一定也很高。当宝宝的选择出现失误时，我们一定不要指责或教训宝宝，否则，宝宝以后就没有勇气做出选择了。即便是自己合理的心愿，宝宝都不敢表达，会变得胆怯或自卑。

2．不要深究选择的好坏。

从成长的角度来讲，能不能选择或敢不敢选择是这个年龄段的重点，至于选择的东西是否经济、实惠，那是宝宝长大后需要考虑的内容。

所以，当宝宝做出选择的时候，我们没必要深究宝宝选择的水平，宝宝哪里会考虑那么周到呢？关键在于宝宝做出选择的行为过程，而不是选择的结果和水平。

3．试图说服。

购物时，宝宝选择的商品可能因为种种原因我们不能买，这个时候，我们就要跟宝宝商量了。

我们不要喊，不要叫，更不要认为宝宝不懂事。比如买衣服，我们可以这样告诉宝宝："这件衣服太小了，你的胳膊伸不进去，买回去就是浪费，咱们一起选一件更好看的，可以吗?"宝宝成功选上一件衣服，也会很有成就感。我们不妨趁机夸一夸："宝宝自己选的，我们也认为特别好呢!"

外边太有趣，宝宝要出去玩

宝宝两岁以后，特别想出去玩，想接触外面的世界。"我们出去玩会儿吧!"宝宝有这样的请求，我们当然要答应。宝宝出去以后，立刻会快乐起来。不管在哪里，他都会表现出极度兴奋的样子。即使前一分钟他的情绪还很糟糕，后一分钟，他到了外面，心情就会立刻大好! 为什么呢? 外面给了宝宝一个新奇的世界，一个舒展身心的大环境。

宝宝被圈在家里，不自在

宝宝会走路了，他们总想走出家门，舒展身心。到了外边，一根树枝、一片落叶、一朵小花、一条小虫等，都能引起他的注意。对宝宝来说，一切都是那么新奇。

如果我们总是把宝宝闷在家里，他的好奇心将被压抑，他会感到不舒服，就会哭闹，找茬。

两三岁的宝宝已经会表达自己的意愿了，会让我们带他出去玩。有的时候，他可能搞不清楚自己烦躁的情绪从哪里来，摸不清自己的想法，可他就是缠着我们不放。此时，如果我们带宝宝出去，他就跟换了一个人一样，坏情绪烟消云散，有了玩耍的兴致。

宝宝成长的过程是一个好奇心不断获得满足的过程。宝宝接触的事物越丰富，越能激发他的好奇心。我们常会以这样或那样的理由把宝宝"关"在家里，让电视、电脑与他为伴。与经常走出家门，活跃于自然界中的宝宝相比，"宅宝宝"明显不够快乐，活动能力较差。

好奇宝宝，快快成长起来

宝宝具有"吸收性心智"，他要从环境中吸收、学习，一切的一切对他来讲，都是要学习的内容。家里的一切被他尽收眼底以后，他就要寻找更加新奇的事物，获取更广博的知识，丰富大脑，以促进大脑发育。

1. 扩大宝宝生活的领地。

当已有的知识受到外界因素的激发后，就会引发宝宝的想象力，让宝宝产生疑问。有的问题，宝宝自己就能想明白。有的问题，宝宝自己弄不明白就会提出来。宝宝接触到的外界环境越广阔，大脑获取的信息越多，思考的问题也就越多。

我们要帮助宝宝扩大生活空间。只要宝宝有兴趣，我们都可以带他去。小区、公园、商场、景点、郊外、海边、草原、沙漠等，不同的环境有不同的风情，能带给宝宝不一样的感受，从而引发他更多的思考。

2．呈现更多的概念给宝宝。

概念是人类思维的一种重要形式，是人类进行一切认知活动的基础。概念在儿童的认知发展中具有非常重要的功能，能帮助儿童认识事物。

两三岁的宝宝，脑子里的词语已经有很多。鸟、书、水果、公交车等概念，他都能熟练地理解和运用。当宝宝置身一个环境中，会运用这些词语来表达，此时，如果我们再呈现给宝宝一些新的概念，会帮助宝宝拓展思维。

我们带宝宝一起去海边玩，那里有很多人游泳，五颜六色、各种款式的泳衣快速进入宝宝的眼里。我们来一句："设计师太有才华了，今年的泳衣又有新款！"这样，宝宝的脑子里就有了"新款"这个词。逐渐地，他就能分辨出"新款"和"老款"这两个词了。

3．一起去玩。

最常见的表达情绪的方式是倾诉，但是两三岁的宝宝由于表达能力有限，即便妈妈问他，他也不一定能够表达出内心的情绪。妈妈可以带宝宝一起运动，帮助宝宝排解内心的不良情绪。

由于某些客观原因，宝宝可能连续一两天都待在家里，这种单调的生活会让宝宝的生活缺少乐趣。他需要探索新鲜事物，以满足自身成长的需要。

那么，我们就带宝宝一起出去玩吧！大家一起在外边走走跑跑，蹦蹦跳跳，呼吸新鲜空气，血液会把更多的氧气输送到身体的各个部位，让身体舒服，让心情更好。同时，身体会分泌较多的多巴胺、内啡肽……这些人体的"快乐因子"有助于缓解身体的不适感，让宝宝产生愉悦的情绪。

如果不适合走出家门，我们也可以在家里，和宝宝玩扔球、踢球、做手工、钻洞洞等游戏，身体活动开了，宝宝的坏情绪也就溜走了。

宝宝打人了

在小区里，琪琪是有名的"厉害"角色。有小朋友拿了他的玩具，或者拉了拉他妈妈的手，琪琪如果看到了，就会跑过去，并把小巴掌甩过去。虽然打不坏，也打不疼，但妈妈不愿意看见他打人。一旦碰上心眼儿小的父母，来几句难听的，妈妈脸上着实没面子。

只要琪琪有了打人行为，他一回到家，妈妈就会给他做思想工作："打人的宝宝不招人喜欢，琪琪以后不打人！"经过妈妈多次教育后，琪琪就会主动下"保证书"："妈妈，我不打人！"可惜，教育的效果只是体现在口头允诺，最后，琪琪还是会忍不住动手。琪琪的手停不下来。直到两岁半，妈妈惊喜地发现，琪琪打人的次数越来越少了，能让着小朋友了。

宝宝打人，是成长过程的正常表现

宝宝小的时候，伸手给别人一巴掌，可能是因为这个方式用起来比较方便。手可以用来表达喜欢，跟人打招呼，也可以用来排斥对方。宝宝到了两三岁，这种情况会越来越少。但是，仍然会有一些宝宝动手打人。

较之女孩，男孩更容易打人，原因在于他们体内的睾丸激素。随着宝宝不断长大，睾丸激素分泌量增加，促使男孩好动，攻击性强。另一种激素——多巴胺，可增加冲动和冒险的概率。当男孩的血液中含有较多的多巴胺时，流经小脑的血液就会增加。小脑是控制身体器官的神经中枢，流经小脑的血液多，小脑就会比较活跃。所以，男孩更容易冲动，更好斗。

当宝宝遇到外界刺激，比如有人要和他抢玩具，他很快就会动手打人。当我们看到宝宝动手打人的那一瞬间，我们绝不可以认定宝宝是一个"暴力宝"。我们要知道，宝宝每一个不当行为的背后都有着一种或多种复杂的负面情绪。宝宝打人的那一刻绝不是出于要报复对方等阴暗心理，大多都是为了保护自己的利益。我们只有弄清楚宝宝打人的行为背后存在真正的心理需求，然后适当满足他，才能真正改变宝宝的外显行为。

罗森塔尔效应

不管出于什么原因，宝宝打人都是在一定阶段心智发展不足的特定表现。两三岁的宝宝正处于性格的"塑形期"，而我们的期待对宝宝有很强的引导作用。

当我们觉得宝宝是个"暴力宝"时，内心就会忽略宝宝的真实感受，而针对打人这一行为去评判和纠正他，甚至会引发一些不良的情绪，不自觉地传递给宝宝，从而影响宝宝的自我认识，影响宝宝建立自信。

哈佛大学的罗森塔尔博士曾在一所学校做过一个著名的实验。

他从每班随机抽出 3 名学生，共 18 人，并把他们的名字写在一张表格上，交给校长。他极为认真地说："这 18 名学生经过科学测定，全都是高智商人才。"时过半年，罗森塔尔又来到该校，发现这 18 名学生的确超过一般人，进步很大。再后来，这 18 个人全都在不同的岗位上干出了非凡的成绩。这就是"罗森塔尔效应"，我们的正面评价能给孩子正能量。以下三点我们需要特别注意：

1. 当时"软对"宝宝。

作为父母，不管是自己的宝宝还是别人家的宝宝动手打人了，我们最不该做的事情就是责备宝宝。我们火上浇油，只会让他的负面情绪更加强化，无法真正施教。

"宝宝，你不开心了是吗?"我们可以这样对宝宝说。我们只有接纳宝宝的情绪，才能拉近自己跟宝宝的心理距离。

"小朋友哭了，他很委屈!"我们也可以这样对宝宝说。这样的话，能唤起宝宝的同情心。

我们也可以这样跟宝宝说："你的好朋友没有拿到你的小铲子，他很失落，我们去安慰一下吧!"

我们还可以这样跟宝宝说："宝宝，你不想给别的小朋友玩，可以拿着玩具走开，但是，你不能打人啊!"如果宝宝听话，我们的教育目的就达到了。

赞美、信任和期待所赋予的能量很大，能改变宝宝的行为。宝宝打人了，我们不能赞赏宝宝，但是可以保持信任，然后启发并鼓励宝宝，让他往好的方向努力，他一定会有所改变。

2. 建立同伴关系。

小朋友们在一起玩，他们在索取或给予的行为中建立了简单的交换关系，并从中获得了同伴的信任感。他们能够玩到一起的时候，愿意把自己的玩具给对方。在玩不到一起的时候，彼此可能会有动手打人的情况发生。但是时间一长，他们都有"接受"和"分享"的品质。即使他们之间有分歧，有争执，也能快乐地玩到一起。

3．不要被外人的评价左右。

大家在一起玩，大多数父母能够平静面对"打"或者"被打"的行为，但有的父母却做不到，会做出这样或那样的评价。比如，有的父母会说："你怎么打人啊?""你这孩子，怎么能打人呢?"语气很不友好。

无论哪个宝宝，都是应该被保护的对象。保护宝宝的身心不受伤害，才是父母要做的事情。聪明的父母不会当着那么多人的面，评论和谴责任何一个宝宝。

第四章

处理好叛逆情绪，让宝宝有个好性格

　　两三岁宝宝的个性特点、脾气禀性等已经在日常行为中有所显露。这个时候，不管宝宝有多叛逆，只要我们细心观察，耐心引导，全心接纳，宝宝就能习得处理情绪的方法，形成良好的性格。我们不能看到宝宝"一哭二闹三耍赖"，就认为宝宝天生就是坏脾气。

宝宝哭闹，父母很痛苦

妈妈摘下眼镜，把它放在电脑桌上，然后去了别的房间。宝宝见了，拿起来就玩。妈妈看到后，赶紧说："宝宝不能玩眼镜，容易摔碎！"宝宝不干，把眼镜藏到身后，说："我就玩。我想玩嘛！"妈妈说："不行，这个不能玩！"妈妈说完顺手就把眼镜抢了过来。宝宝不干了，跺着脚大哭，并用力拍打妈妈的电脑。妈妈拿过其他的玩具给宝宝，可他就是不要。没办法，妈妈只好把眼镜给了宝宝。

父母混淆感受，认为宝宝和自己一样痛苦

两三岁的宝宝心中没有行为界限，哪些事情不能做，做事情该有什么样的分寸，需要父母一点点地在行为过程中教给宝宝。这个过程对宝宝来讲是痛苦的，这份痛苦同样传递给了父母。如何处理这份痛苦，对宝宝的成长影响很大。

父母在反对或制止宝宝的某个行为时，看到宝宝难过的样子，会感到很痛苦。当宝宝大哭大闹，表现得很痛苦的时候，父母内心的伤痛会加重，认为宝宝的情况更糟糕。在这样的不客观的"同理心"下，父母就放弃了对原则的坚持，不自觉地顺应了宝宝的心愿。

一旦父母把宝宝的痛苦当成自己的痛苦，向宝宝缴械投降，宝宝就会被纵容，就会觉得自己的力量更加强大。然而，真正的痛苦

还远不止亲子"夺权"的拉锯战。随着宝宝一天天长大，因美好品格没有被培养出来导致的无法无天、骄纵任性的行为或性格，会阻碍宝宝顺利走向社会，正确看待事物。

教养不会带来真正意义上的痛苦

两三岁的宝宝感觉自己是一个独立的个体，很在意自己的感受，也希望父母能尊重他。父母真正的痛苦不是混淆宝宝和自己的痛苦，而是帮助宝宝消化掉管教带来的痛苦，从而使他获得成长。

1．真正的痛苦是什么？

对宝宝来讲，真正的痛苦不是当下的欲望得不到满足，而是父母对其正当的需要进行限制。从长远来看，这样做会让宝宝的身心发展受到伤害，影响宝宝身心发展。比如，宝宝一岁前，父母不能满足宝宝的正常生理需要，会导致宝宝安全感不足。两岁以后，父母不让宝宝自己吃饭，不许宝宝选择玩具，会导致宝宝缺乏自主能力。这些品格上的不足会严重制约宝宝的社会化发展，宝宝长大后就会有问题出现。比如，孩子到了中学阶段，可能会不适应寄宿生活，到了大学还不会洗衣服。

2．暂时的痛苦不是伤害。

父母最害怕的事情就是怕自己的行为伤害到宝宝，让宝宝感到痛苦。其实，对宝宝来讲，不是所有的痛苦都是伤害。很多时候，宝宝为了长大，就必须忍受一时的痛苦。这个过程，父母似乎比宝宝更煎熬。比如，宝宝要玩妈妈的眼镜，这份渴望一定特别强烈，无论是造型还是材质，都吸引着宝宝，让他想摸一摸，拿一拿。父母当然不可以把眼镜给宝宝玩，但可以在自己的监护下让宝宝看一看，认识一下眼镜。末了，父母再告诉宝宝，眼镜是妈妈用来戴的，不能玩。如果宝宝下次还想玩，父母就要坚决阻止，阻止的过程会给宝宝带来痛苦。但是，父母一定要记得，宝宝只是暂时不舒服，当时闹得再厉害，也只是一时反抗，最终带给他的是好的行为规范，有利于宝宝形成好的品格。

3．宝宝反抗的是父母的限制。

父母是带着美好的初衷来管教宝宝的。例如，在大冷天，宝宝要吃冰淇淋，父母不让吃，因为父母不想让宝宝的身体受到伤害。冻感冒了难道不是一件很糟糕的事情吗？既然父母这么想了，也这么去做了，那么，当宝宝反抗的时候，父母就要明白，孩子反抗不是因为父母做错了什么，而是在对抗父母的限制。他们不吃这个冰淇淋，同样可以度过美好的一天。他们在痛苦中煎熬，会孕育出另一份美好，帮助他们懂得"冷天不能吃冷饮"的道理，并拥有自我控制能力。

只不过，整个实施的过程，父母不能板着脸下命令，或者数落宝宝嘴馋，而是要同情宝宝当下吃不到的痛苦。如果妈妈对宝宝说："妈妈很理解你，不能吃到自己喜欢的食物确实是一件痛苦的事情，但妈妈更不想让你生病。"这样，他那失落的心情或许能尽早消失。

宝宝有情绪，怎么进行沟通才有效？

强强三周岁了，非常难搞，叛逆、反抗、爱哭……妈妈都不知道该怎么办才好。妈妈一天到晚围着他转，强强要什么妈妈给什么，强强想怎么样妈妈就怎么样，可强强的心情还是好不起来。爸爸呢，只要见到强强哭闹，就会来一句："怎么老哭啊？"

沟通不好惹来宝宝的反抗

在两三岁宝宝的心中，他已经是独立的"小大人"，该是按着自己的想法付诸行动的时候，特别不愿意父母干涉他。当行动遇到阻碍时，他会觉得父母不尊重他，有悖于他内心渴望的独立，于是他就不管不顾地反抗起来。以下几种方式都是宝宝不喜欢的。

1. 指责。

在与宝宝沟通时，父母的言辞充满着对宝宝的管制和打击。父母充满怒气地指责孩子，看似很厉害，其实内心觉得自己很失败，在教育孩子方面没有力量。孩子读懂了父母的心思，就更不会屈服，而且会以更强有力的姿态与父母对抗。

2. 讨好。

讨好型的父母的言行举止里都是宝宝，充满着为宝宝服务的态势。宝宝也读懂了父母的心思，比如"你想要什么我就给你什么，你想怎么样我就怎么样"。既然父母是为了宝宝，那么宝宝就不客气了，无限制地索取，不在意父母的感受。当有一天，父母发觉讨好并不是一种好的沟通方式后，拒绝给宝宝以前的待遇，宝宝接受不了必然会反抗。

3. 超理性。

超理性的父母，语言总是那么理性，缺少温度，对宝宝来讲毫无吸引力，所以影响力也就小了。比如，宝宝要摆弄汽车轨道，自己弄不好，急哭了，妈妈平静地说："弄不好就别玩了吧！玩别的玩具不是一样吗？"这样的话语对两三岁的宝宝没有多大的引导作用。宝宝该闹照样闹，该哭照样哭。这样的妈妈不容易被宝宝的情绪惹恼，养育出来的宝宝反抗力较小。

日常沟通，如何做到尊重？

在日常沟通中，如果父母能够做到尊重宝宝，即使父母不认同他的行为，只要支持他独立，他就会与父母合作，而不是大哭大闹。

1．同理心。

不管什么情况，何时何地，如果父母站到宝宝的立场去回应，宝宝感受到父母与自己情感上的共鸣，就能接受父母的建议。

当小汽车的轱辘掉了，他因此而啜泣时，父母说一句："你喜欢的小汽车不能跑了，太可惜了！要是我，心情也会不好。我们画一个轱辘安上就好了！"宝宝听到这么幽默的话，很快就能放松起来了！

2．不命令宝宝。

两三岁宝宝犯的错误有时很荒唐，在大人眼里过于低级，但是，在宝宝眼里父母的阻止行为让他觉得自己被侵犯了。

卡耐基曾经说过："用建议而不是下命令，不但能够维持对方的自尊，还有助于促进对方改正错误，与你合作。"建议的方式之所以能够为宝宝所接受，就在于父母站在了一个外人的立场，尊重了宝宝的"当事人"地位。宝宝感受到被尊重，心情好，就愿意接受父母的建议。

3．打岔，转移宝宝的注意力。

"打岔型"父母和宝宝沟通时，所说的话和宝宝当下的情境关联度不强。比如，宝宝的小汽车坏了，于是宝宝大哭。妈妈可能来一句："昨天买的蛋糕好吃吗？我们去吃块蛋糕吧！"这种方式，能够转移宝宝的注意力。

4．不要和宝宝的"重话"较劲。

两三岁的宝宝有一种特别的表现，就是说"重话"。如果有谁惹了他，就会说出类似的话："我把你的眼睛挖下来！""你去死吧！"父母千万不要以为宝宝学坏了，这只不过是他这个阶段的特殊的情感反应。他在享受说"重话"的快感，过了这段时间就好了。

宝宝爱发脾气，怎么办？

宝宝叫妈妈："妈妈，妈妈，你过来！"妈妈听到宝宝的呼唤，一定会顺口来一句："好的，妈妈忙完就过来！"其实，有的时候，妈妈真的没忙，连宝宝都清楚。

妈妈还是无动于衷，任性地痴迷于"朋友圈"，点了几个"赞"后，走进宝宝的房间，发现一片狼藉，一整块面包被揉成了面包屑，不均匀地分布在床上、地板上。妈妈大喊："你看，这房间乱成什么样？"

两三岁的宝宝脾气大

情绪是心灵状态的表现，宝宝也会有不良情绪。宝宝心情好就会快快乐乐地笑个不停；宝宝难过了就噘嘴，甚至哭泣。

宝宝到了两三岁，很多父母还是延续一岁前的教养模式。比如，宝宝哭闹了，父母会赶紧哄。妈妈一般会这样说：“宝宝怎么了？为什么不开心呢？”“你想吃什么好吃的啊？”“就为这个小汽车啊？有什么值得生气的？妈妈明天给你买一个新的，别闹了！”一旦宝宝不听劝，父母可能会烦躁，对着宝宝大喊小叫。

宝宝一发脾气，父母就想办法“灭火”，这样的做法对于一岁前的宝宝有点儿用，那时他的需求简单，心理活动少。宝宝到了两三岁，最需要的是父母的认同感，让他有力量处理好自己的情绪和面临的问题。虽然有的问题宝宝解决不了，如果父母接纳了他的情绪，他感受到了父母的爱，就会向父母求助。而且，很多时候宝宝自己也不知道为什么会生气或难过。

引导宝宝学会管理情绪

宝宝感觉不好的时候才会发脾气，这个时候，父母否定宝宝的感受，不如在他伤心的时候，让他感受到关爱。

1．宝宝发脾气，大人不干涉。

宝宝很容易表现自己的内心世界，不开心、不满意或遇到挫折的时候会哭，会闹，会扔东西。这个时候，我们怎么做？我们要懂得，这个时候宝宝发脾气，属于消除紧张与焦虑情绪的自然过程，恐惧和悲伤就好比他们身上多余的东西，会影响他们的注意力。作为父母，我们不发表意见，不提建议，只要陪伴宝宝，宝宝就能调整好自己，开开心心地玩耍了。

2．留在身边，倾听宝宝。

我们有很重要的事情要做，不管有多么着急，多么烦恼，当宝宝哭泣时，我们都要平静地陪在他身边，态度要和蔼，把宝宝抱在怀里，与他说说话。这是宝宝表达内心感受的过程。如果宝宝能够表达，我们就用简单的话语回应他。如果宝宝不会表达，我们就说出他的感受，并慢慢引导他。

3．创造快乐。

什么事情能让宝宝快乐起来呢？满足宝宝的愿望。即使真的满足不了，宝宝也会很开心。"明天妈妈给你买一辆车，你来选，好吗？"这样的话远远好于"这辆车已经坏了，轱辘掉了，不能玩了"。宝宝听了后，就会拿着别的小车去玩了！

他怎么生气了？

大概十一点左右，君君就不想玩了，对什么事情都提不起兴趣。有个小朋友过来，说："哥哥，咱们一起玩吧！"君君不动，小朋友拉了一下他的手，君君用力一甩，小朋友跌倒了。君君拉着妈妈的手，要求回家。妈妈纳闷：怎么回事？平时这时间，他都玩不够，今天却想回家。

到了家里，妈妈做饭，君君一连吃了两个平时不喜欢吃的蛋糕，妈妈醒悟：难道发怒是因为饿了？早上君君喝了一点儿粥，没吃煮蛋，可能是饿了，心情才变得烦躁。

宝宝大叫："我生气了!"

每一种情绪都是对外在刺激的反应。宝宝到了两三岁，特别是两岁前后，很多父母能感受到宝宝会生气，会冲着大人大声吼叫，还会摔打最喜欢的玩具。宝宝对情绪的认知能力不强，不懂得控制情绪，更不会寻找方法解决，只会直接发脾气。宝宝这么做，只是一种简单的回应方式，父母要教宝宝认识情绪，学会管理情绪。

宝宝虽然生来就会哭，那是他的本能反应，只是为了获得生理上的满足。可以说，这是一种沟通方式。到了两三岁，宝宝已经有了一定的情绪感知能力和情绪表达经验。比如，宝宝有了挫败感，他就会难过。从心理成长的角度来看，那些安全感比较好的宝宝，遇到不喜欢的事物或不符合心意的选择，就会合理地表达自己的情绪。

当宝宝生气的时候，父母不要急于去改变现状，要给宝宝一些时间。父母再以认同的方式回应宝宝的情绪，并告诉宝宝怎么做。宝宝有机会认识情绪，才会在一次次的情绪表达中认识自己，慢慢拥有控制情绪的能力。

父母一定不能压制宝宝的情绪，压制是对宝宝情绪表达的伤害，这样不但堵住了宝宝情绪表达的路径，而且让宝宝失去了体验这种情绪带来的感受，阻碍了宝宝对情绪的认识和理解，不利于宝宝形成良好的情绪控制能力。

宝宝发脾气，我们不发火

宝宝发脾气，只是表达情绪的一种方式。作为父母，我们要切记：找原因是次要的，关注宝宝当时的感受才是关键。

1. 等一等。

表达情绪是一件再正常不过的事情。宝宝高兴的时候会哈哈大笑；他不开心了，会通过哭泣、倾诉等方式来寻求帮助。我们要允许宝宝表达情绪，得到安慰，只有这样他才能健康成长。

哭泣、喊叫、沉默等是宝宝常用的表达情绪的方式。宝宝玩着玩着突然就发脾气了，我们一时不能参透其中的缘由。在这种情况下，我们可以先等一等，陪着宝宝，等待他的脾气"风暴"自行停止。大多数情况，一两分钟时间劲头就过去了，他就会到父母这里寻求安慰，父母给他提供了新的活动项目，宝宝就能"顺坡下驴"，进入快乐的状态里了。

但是，当宝宝哭的时间比较长的时候，我们就要把宝宝抱起来，哄一哄，搞清楚原因。如果宝宝真的受了委屈，我们要给他特别的抚慰。

2. 面对无理要求，不要妥协。

宝宝是因为某个不合理的要求而生气，是有目的性的行为。无论他怎么闹，我们都不可以答应。行为底线触犯了第一次，肯定会有第二次或第三次。次数多了，宝宝就不会听我们讲道理了。

当宝宝抗议的时候，我们先要严肃地告诉他："你这个要求不合理，我不会答应！"然后，我们就去做自己的事情，减少对宝宝的过分关注。一般情况，宝宝还会继续发脾气，这时，我们可以提出一个合理的选择，宝宝一般都会听话。如果宝宝还坚持，我们就多陪伴宝宝一会儿，不管怎样，对他的情绪都应该保持接纳的态度。

3. 急脾气，帮他改一改。

有的宝宝脾气急，看到摆放的积木倒了一部分，就会大哭，甚至会把整个积木推倒。这种情况，我们要告诉宝宝："不能哭，积木倒了，重新堆起来就可以啊！"说一次，可能改正不过来，几次后，我们就会发现，宝宝不但不哭了，而且嘴里会念叨："倒了就重新堆起来！"

有的宝宝提出一个要求，恨不得立刻就能被满足，更容易大喊大叫。比如，妈妈没办法快速地满足宝宝的需要，可以先把话递过去："别急，妈妈去给你拿，你先等一会儿！"

宝宝太急躁，怎么办？

宝宝要喝水，妈妈去倒水。水太热，妈妈说等一会儿。宝宝等不及，大哭："我要喝水，我要喝水！"没办法，妈妈只能不断地往另一个杯子里倒水，加速散热，等凉一点儿再给宝宝喝。宝宝真的是渴到等不及了吗？

小宝宝急什么？

当客观事物或情境符合主体的需要和愿望时，主体就会产生积极的情绪；反之，当客观事物或情境不符合主体的需要和愿望时，主体就会产生消极的情绪。

遇到事情，不能快速解决，性格急躁的宝宝容易着急，甚至发脾气。父母不赞赏急脾气，主要是急躁容易使人产生粗心、不认真、不求甚解等不良行为或态度，降低了做事的品质，不利于学习和生活。

宝宝当下脾气急，并不等于将来沉不住气，因为性格形成也会受后天教育的影响。两三岁宝宝的脾气急，最为常见的原因有以下三点：

1．先天的气质特点。

每个人生来都有自己独特的气质特点。根据内外倾向和稳定性来划分，人的气质特点可以分为抑郁质、黏液质、多血质和胆汁质四类。容易急躁的孩子，一般属于胆汁质，这类孩子的性格特点是：易兴奋，易变动，不宁静，敢作敢为，爱冲动，有活力。

这样的宝宝一件事还没有做完，就有了另外的想法，遇到阻碍，就显得急躁了。此时宝宝的自我认识水平较低，因此父母要做宝宝情绪的观察员。

2．父母性格急躁。

如果父母或者家庭中的任何一个人性格急躁，习惯"催"，那么宝宝也会变得急躁。比如，父母经常对宝宝说："早点睡觉，明天还得早起！""明天早点啊！""快点，磨蹭什么呢？我先下去了！""快快快！"孩子听惯了这样的话语，感受多了这样的氛围，就习得了这样的行为模式，不急的事情也会搞得很急。

3．不恰当的"延迟满足"。

心理学上有个著名的实验叫"延迟满足实验"。情况是这样的：

美国斯坦福大学附属幼儿园基地内，实验人员为孩子们准备了好吃的软糖。糖对三四岁的孩子来讲，那可是极具诱惑力的食品。

当每个孩子的面前都放好一颗软糖后，实验人员告诉孩子们可以吃糖，但是如果马上吃掉的话，只能吃到一颗软糖；如果等20分钟后再吃，就能幸运地吃到两颗糖。毋庸置疑，谁都想吃到两颗糖，那么就看谁的自我控制能力更强了。

实验人员通过单面镜进行观察，发现有些孩子只等了一会儿就不耐烦了，迫不及待地吃掉了软糖。有些孩子很有耐心，他们想出各种办法来拖延时间，比如闭上眼睛不看糖，或头枕双臂，或自言自语，或唱歌、讲故事……他们成功地转移了自己的注意力，顺利地等待了 20 分钟，这些"延迟者"当然享用到了两颗糖。

参加实验的孩子到了青少年时期，实验人员调查发现："不等者"在个性方面，更多地显示出孤僻、固执、易受挫、优柔寡断的性格倾向；"延迟者"较多地成为适应性强、具有冒险精神、受人欢迎、自信、独立的少年。在学业上，"延迟者"比"不等者"在数学和语文成绩上平均高出 20 分。

为了让孩子有更多的成功特质，很多父母都很注重延迟满足宝宝的需要。可惜，一些父母把"延迟满足"提前了。出生不久或一两岁的孩子有需要了，父母就对他们采取"延迟满足"的办法，导致宝宝内心不够稳定，患得患失，容易发脾气。

用耐心换取宝宝的"不急"。

即使宝宝是先天的"急脾气"，我们也不要绝望。性格一方面跟先天的气质特点有关，主要在于后天的培养。如果我们教养得当，宝宝完全可以不急。

1. 一岁前，父母应及时满足宝宝的需要。

对一岁前甚至两岁的宝宝来说，我们要及时满足孩子的需要。宝宝饿了要立即吃奶，我们要算好时间给宝宝喝水，宝宝拉便便了我们要及时清理。此外，我们要多陪宝宝玩，帮助宝宝建立起良好的安全感。宝宝两三岁后，我们可以根据情况让他获得"延迟满足感"。

2．不给孩子贴"急脾气"的标签。

即使宝宝脾气急，我们也不要称其是"急脾气"，更不要对他绝望，觉得他沉不下心来。三岁前宝宝的性格虽然已经形成，但并没有定型。没有定型的性格，完全可以通过后天的培养来塑造。

我们要有这样的积极心态：不要给宝宝贴上"急脾气"的标签；宝宝着急的时候，来一句"别急，慢慢来"；宝宝把事情搞砸了，我们要给宝宝机会，让他再来一次；当宝宝不急不躁地完成某件事情后，我们要赞美他几句。

3．延迟满足。

两三岁的宝宝，已经有了一定的自我控制能力。我们可以寻找一些机会来"延迟满足"宝宝，以锻炼宝宝的忍耐力。宝宝两岁以后，有些需要可以放缓，比如：宝宝要出去玩，我们可以让他等一等；宝宝想要某个玩具，我们可以说服他暂时不买；有些食物不能多吃，我们要告诉宝宝，每天只能吃一点儿，绝不多给。这样坚持下去，也能锻炼宝宝的忍耐力。

宝宝三岁半，就地打滚了

有个宝宝三岁半了，特别不听话，就爱对着干。最近，他还特别喜欢到处舔东西，越舔越来劲。去超市，他看到自己喜欢的东西就想买。父母不给买，他就躺在地上打滚。妈妈有事要出去，不能带着他，他又哭又闹，还会在地上打滚。

宝宝三岁半，叛逆到极点。

宝宝到了三岁半，好像心比以前小了。本来已经上习惯了的幼儿园，现在他却老找理由逃课，会撒个小谎，说肚子疼或头疼，以便得到父母的"赦免"，好在家里玩一天。如果父母强行让他去，他就会大哭大闹。

例如，在以前，当妈妈和宝宝商量什么事情，宝宝还算通情达理。可是现在，他好像又分不清怎么做才是正确的。如果妈妈擅自主张，他的反抗情绪就更强烈了。

再比如，妈妈说"汽车危险"，有的宝宝可能会说"我就想让汽车撞我"；宝宝看电视，这个不看那个也不看，不停地换频道。虽然家里零食一大筐，但他非要吃家里没有的。之后妈妈买回来，他咬一口就不吃了，说要喝奶。

这是为什么呢？这个年龄段的宝宝即使安全感建立得很好，也会出现比以前更多的不良情绪。

这个年龄段的宝宝已经形成了一种内在的秩序模式，他们能够很清楚地知道自己想做什么。而且，他的语言能力有了很大的发展。他能够熟练地运用基本语言后，特别喜欢说有分量的话，为此，他会寻找机会说一些不文明的语言，仿佛这样更能表明自己是有力量的独立个体。

一个宝宝对妈妈说："妈妈，我不要做文明小少年，我要说'放屁'！"他说"放屁"两个字的时候，几乎使用了浑身的力量。

接纳宝宝的不良情绪，保持不放弃原则

宝宝到了三岁半，会更加叛逆。只要我们满怀信心地和宝宝一同前行，我们就会发现，宝宝并不是那么难以搞定。

1. 先要理解宝宝。

当宝宝的某种需要没有获得满足时，他的挫折感很强，会大喊大叫或者在地上打滚，这有利于排除他因此而感受到的羞辱。我们不制止，不等于不关注。我们可以陪着宝宝，排除环境中的物品可能带来的伤害，任其滚动。一般情况下五分钟左右的时间，宝宝发泄完了，就能恢复平静和理智。我们坚持了原则，没有满足宝宝的不合理需要，下次他就不会这么无理取闹了。

2. 试图搞明白宝宝的心意。

如果我们忽视宝宝内心的想法，对他表现出来的过激行为不是很理解，流露出厌烦的情绪，可能会加剧他们的逆反行为。

当宝宝有情绪的时候，我们闭上嘴，什么都不说，观察宝宝的情绪从何而来。我们千万不要急躁，情急之下容易失去理智，遮挡住智慧的眼睛，不但抓不住时机，还可能让坏情绪变得更坏，不利于宝宝学习控制情绪的方法。

我们搞懂宝宝需要时间，赢得时间的最好方法是接纳孩子的坏情绪。等一等，抱一抱，或许就会海阔天空。

3. 较多地关注宝宝。

我们要比以前较多地陪伴宝宝，让宝宝感受到我们的疼爱。情感纽带处于连接状态，宝宝内心稳定，可以缓解不安和焦虑的情绪。我们跟宝宝在一起，更方便自己了解宝宝的意愿，不踩雷区。

4．不能无原则地妥协。

这个年龄段是宝宝形成规矩的关键期。当宝宝的要求违反了规矩，不合情理，即使他哭闹，躺地上打滚，我们也不能妥协。我们要跟宝宝讲清不答应的理由，然后默默地做自己的事情，观察宝宝的表现。此时，宝宝也在观察父母的反应。当他确定我们拿定主意不放松的时候，他会给自己找个台阶下，提出另一个合理的要求，我们这个时候要快速答应，以缓解宝宝的情绪。如果宝宝出现哭闹的情况，父母可以陪着宝宝，不斥责，不妥协，只同情他的痛苦。

宝宝指着黑暗处说"有鬼"

冬天，天黑得早，妈妈带宝宝在家里玩，家里只有客厅开着灯。宝宝玩着玩着，就指着黑着灯的次卧说："妈妈，有鬼！"

"啊？"妈妈吓了一跳，他什么时候学会了"鬼"这个词语啊？妈妈再看他的表情，他没有一点儿恐惧。

妈妈抱起宝宝，走向次卧，打开灯，对他说："这个房间的灯没开，有点黑，没有鬼！你看有鬼吗？"

宝宝说："没有鬼！"妈妈说："那咱们就开着灯吧！"

恐惧来自宝宝的"泛灵"心理

在两三岁宝宝的内心世界里，世界上的万事万物都是活的、有生命的。他会抱着自己的玩具猴说话、喂饭；当小汽车撞到桌子的时候，他会问："小汽车，疼吗？我给你揉揉。"他在大树下面玩，会问："大树，你为什么这么高？"他会训斥墙："你走开，碰疼我了！"

处于这种心理状态下的宝宝，给"黑暗"这个事物赋予了一个名字——"鬼"。宝宝是从哪里习得这个词语的？他只要听到了，就有说出来的可能。

如果父母在家里谈论过一些灵异事件或者迷信事件，宝宝恰巧听到，就会引发联想。天黑的时候，他就容易产生恐惧心理。

在一些动画片里，会有大魔鬼的角色，这个年龄段的宝宝很难区分现实与虚拟，就会把虚拟的动画情节搬到现实中来。

即使宝宝指着暗处说"鬼"，那也是宝宝不成熟的认知。只要宝宝没有出现无缘无故的恐惧或莫明其妙的害怕心理，就不是问题。父母只需要引导，让宝宝认识到这个世界没有"鬼"就可以了。

让宝宝见见"鬼"

当宝宝的思维意识里有"鬼"以后，我们需要帮助宝宝认识这个世界没有"鬼"，让他感到自己的生活是安全的。

1. 打开灯，见见"鬼"。

当家里人少，只有妈妈和宝宝的时候，宝宝指着黑暗处说："妈妈，有鬼。"这个时候，妈妈自己先不要害怕，更不要迷信，认为宝宝真的看到了什么。妈妈要打开灯，抱着宝宝走过去，让宝宝好好看看，然后问："没有鬼，是吧？是天黑了！"现实摆在面前，想象被戳穿，宝宝会说："没有鬼，天黑了！"

这个时候，妈妈可以打开灯，让家里亮亮的，宝宝看清了所有的物品，就不会浮想联翩了。接下来，妈妈可以和宝宝一起玩。有妈妈在身边，宝宝安全感强，就不会因为孤独而恐惧了。

一般情况，宝宝有了这样真切的认识后，就不再认为有"鬼"了。如果宝宝还是会想到"鬼"，父母还需要这么做，直到宝宝真切地看清这个世界上没有"鬼"后，他就真的不怕"鬼"了。

2．绕开"恐怖情节"。

绘本故事、动画片或成人电视剧里会有一些恐怖的镜头，宝宝分不清这是虚构的情节。他看了后，留存在大脑里，会想象成现实。夜晚来临的时候，或者晚上去外边玩，宝宝就会害怕。所以，父母给宝宝讲故事，或者让宝宝看动画片的时候，就要避开类似的情节和内容。

3．白天多活动。

父母要在白天带着宝宝多活动。宝宝精力消耗大，到了晚上，身体困乏，稍微玩一会儿就累了。宝宝入睡快，就不会跑来跑去，或玩这玩那，无端想象了。父母给宝宝讲睡前故事的时候，要避开恐怖的情节，他的梦里也就不会有"鬼"出现。

宝宝心情不好，会乱摔东西

外面刮大风，三岁的秋秋正趴在沙发上看童话书。他看了一会儿就不高兴了，并且很用力地把书扔到了厨房门口。妈妈叫他捡回来，他就更不高兴了，说道："我就不！"他爬到沙发上，仰面躺下，说要睡觉了。

宝宝摔东西，与情绪有关

两三岁的宝宝已经具备一定的情绪感知能力，他自己不仅会表现出悲伤、恐惧、愤怒、开心、痛苦、焦虑等情绪，而且能体会到别人的情绪。例如，妈妈生病了，躺在床上，宝宝不哭也不闹，就自己玩，还时不时地过来，把笑脸贴在妈妈的脸上，问妈妈怎么了。

宝宝发脾气的时候，有的父母会这么评价："小小年纪，哪里来的脾气？"

宝宝发脾气是他内心情绪的一种表达方式。宝宝不开心了或失望了，需要把负面的情绪表达出来，才能让内心平静，否则，坏情绪郁积体内，影响身心健康。心理学上有一种疾病叫"心理矮小症"，就是因为宝宝长期受到压抑，性格孤僻，致使生长激素分泌过少，生长发育迟缓或停滞。

宝宝为了满足内心的需要，引发他人的注意，就会通过发脾气的方式来表达自己，希望获得内心的满足。两三岁的宝宝心情不好了，又不能用语言清楚地表达出来，就容易通过顺手摔东西、扔物品等直接的方式来发泄内心的不良情绪。宝宝这么做，当然不是良好的情绪表达方式。为了宝宝的健康成长，面对宝宝的发泄行为，父母不要谴责，而要引导他们恰当地表达情绪。

不训斥，也能杜绝宝宝摔东西的行为

当宝宝有了摔东西、扔物品的行为时，我们首先要想到，宝宝可能有了负面情绪。那么，导致这些情绪的因素是什么？亲子间的情感链接断了？某个愿望没有得到实现？想出去玩了，还是玩烦了？这些问题我们都要认真思考。

1．不要训斥。

当宝宝发泄情绪的时候，我们不要对宝宝说："臭宝宝，不要乱扔东西，什么毛病？"我们这么说，会让宝宝心凉。他会觉得我们一点儿都不理解他，即使内心有什么想法，也不愿意跟我们说了。

我们可以这样说："宝宝不开心了，爸爸妈妈来陪你！"接纳宝宝的情绪，有利于宝宝说出自己的需要。

2．满足宝宝的精神需要。

宝宝因情感缺失而乱发脾气，一般会有落寞的表情。我们要想一想：自己最近是不是因为工作太忙而很少跟宝宝一起玩？

要知道，宝宝和我们分别太久了，就可能觉得父母不爱自己了，内心无比惶恐。这个时候，我们要抽时间和宝宝一起玩，多抱抱宝宝。

3．提示宝宝别扔东西。

等宝宝开心了，我们可以告诉宝宝："宝宝，你不开心了，可以找爸爸妈妈一起玩，不要扔东西啊！"然后，我们要领着宝宝，把扔掉的东西捡回来。

4．承担再次犯错的后果。

如果宝宝还继续摔东西，怎么办？最好的办法就是让他承担再次犯错的后果。比如，宝宝摔玩具，我们就要暂时剥夺他玩玩具的权利。

5．规定几样可以摔的物品。

像皮球、充气棒等可以拍打的玩具，可以给宝宝当"出气筒"这样，宝宝生气的时候，就找到发泄的出口了。

宝宝提出了过分的要求

每到傍晚，宝宝喜欢粘着妈妈一起玩。妈妈要做饭，宝宝也要进厨房玩。妈妈不让，顺口说："你玩小汽车吧，妈妈一会儿来陪你！"儿子玩了一会儿小汽车，又去找妈妈，让妈妈帮忙找小汽车，一共五个，就差一个没找到。妈妈说："就玩这四个吧，妈妈要做饭，没时间找。"儿子不乐意，于是大哭。妈妈摸摸儿子的小脸蛋，又去了厨房。过了一会儿，妈妈看到儿子不哭了，他又兴致勃勃地玩起了小汽车。

宝宝情绪低落时，需要父母说"不"

宝宝不开心的时候，会提出一些要求。有的要求父母很难满足，这时，父母必须拒绝。可是，有的父母担心：宝宝被拒绝后，会更加不开心。于是，他们很为难，不敢向宝宝说"不"。

事实并不是这样。当宝宝的某种需要不能获得满足的时候，他的正常思维受阻，他的情绪高涨不起来，他会给父母"找事儿"，并提出无理的要求，做出无理的行为。

这个时候，父母需要果断地对宝宝说"不"。被拒绝的宝宝会做出不合情理的或莫名其妙的事情来，比如大哭大闹，坚持自己的想法，不达目的不罢休，故意找妈妈的茬……这正是宝宝发泄心中不良情绪的方式。等他的情绪发泄出来了，他就会恢复到原来的状态，开开心心地玩耍了。

103

相反，父母每一次粗暴的行为都会伤害宝宝，导致宝宝丧失良好的自我感觉和判断力。

如何对宝宝说"不"，才没有伤害？

情绪是会传染的。我们忙自己的事情，宝宝过来找麻烦。我们耐心地哄他几次仍然没有效果时，火就大了，很可能会对着宝宝喊："去，一边玩去！"如果宝宝再提出无理要求，我们的语言可能会更加粗暴。宝宝没有情感支撑，情绪会更加糟糕。

我们究竟该怎么做呢？这是一件需要学习的事情。

1. 宝宝怎么了？

我们要尽快觉察到宝宝的不良情绪来自哪里。我们要坐到宝宝身边，耐心地观察宝宝，倾听宝宝的心声。我们搞清楚宝宝行为背后的原因，就能理性看待宝宝的行为。对宝宝不合理的要求，我们要坚决拒绝。

例如，宝宝睡前要喝奶。妈妈照例给宝宝准备奶，可宝宝就是不喝，而要喝水。在这种情况下，妈妈可能很恼火。奶不喝，不就浪费了吗？宝宝闹着说要喝水，我们怎么办？我们首先要静心想想，也许今天宝宝可能喝过奶了，或者晚饭吃咸了，已经很饱了，所以宝宝要喝水。那么，我们就给宝宝拿水去吧。水拿来了，宝宝没喝。没多久，宝宝又要奶，我们不得不再去拿奶。就这样折腾好几次，宝宝就是不睡觉，这时我们该怎么办？

我们要静下心来想一想，弄清楚原因。比如，由于天气不好，宝宝白天在家待了一天，体力没有消耗，不够困乏，晚上不想睡觉。那么，我们就要让宝宝的情绪发泄出来，让他玩一会儿，或者我们陪他玩一会儿。宝宝困了，也就睡了。

2．坚定地拒绝。

我们确实搞清楚了宝宝的烦恼，就要走过去，抱着宝宝，郑重地表达自己否定的态度。比如，妈妈可以这样说："我没有时间找最后一个小汽车玩具，你自己玩。"然后，妈妈就去做要紧的事情。我们要明白，处理宝宝的情绪比什么都重要。这样，我们就能把关注的焦点放在宝宝的情绪上以及情绪背后的问题上，不跟宝宝较劲。

第五章

自我意识大发展，宝宝要独立

宝宝到了两三岁，会以各种方式向世界宣布自己独立了！他们需要外界的认可。他们已经是独立的个体，就会不断地用自己的力量去影响周围的环境，这样他们才能感受到强大的自我！在这个过程中，如果我们不给予支持，他们就会反抗。如何支持宝宝的行为，让他走向真正的独立，促进身心更好地发展，是这个阶段的教养重点。

宝宝满嘴的"我，我，我……"

大概从两岁开始，宝宝说话就离不开"我"字了。"我要出去玩!""给我!""这个是我的!""我要去!""不是你的，是我的!""我就不给你!"……当宝宝这么说话的时候，你是不是觉得他已经长大了呢?

宝宝的自我意识大发展

一位心理学家在做实验时遇到了一件趣事。事情的经过是这样的：实验人员给了一只小猴子一些木块，教它用木块换糖吃。到了后来，木块用完了，小猴子还想吃糖，急得抓耳挠腮。突然，小猴子向实验人员翘起了自己的尾巴，意思是"我用这个来换糖吃"。小猴子把尾巴当成交换物了，这一举动逗得大家捧腹大笑。

宝宝自我意识的形成和发展是一个循序渐进的过程。最初，宝宝只是意识到身体的各个部分，比如嘴巴、手、脚等。慢慢地，他能感受自己的动作和行为，学会使用自己的名字。两岁左右，宝宝渐渐能够懂得"我""你""他"等人称代词和"我的""你的""他的"等物主代词，并在说话的时候不断运用。这时，宝宝的自我意识就形成了。宝宝开始有了自我的观念，懂得自己独立于这个世界，这是宝宝心理发展的第一次飞跃。

在宝宝自我意识形成之前，他们在父母的安排下生活，很多父母似乎习惯了让宝宝受自己的"摆布"：父母让宝宝干什么宝宝就干什么，父母给宝宝吃什么宝宝就吃什么，父母带宝宝去哪里宝宝就跟着去哪里。有一天，面对父母的安排，宝宝突然说"不"了，父母很不适应，在不了解宝宝心理变化的情况下，会觉得宝宝是在反叛，会对抗。其实，这种抗拒是宝宝心理成长的表现。

成长是一个身、心、智三个方面协同发展、互相促进的过程。两三岁的宝宝与之前相比，行动能力、行为能力、语言表达能力和思维能力都获得了很大的发展，这使得他们具备了更多、更强的表达自我、探索世界的能力。当他们按着自己的意识行动时，希望行动顺利进行，不愿意让自己独立的行为受到限制和干涉，否则，他就会寻求自我保护，最为常见的保护形式就是哭闹。

此时，宝宝处于建立自我意识的敏感期，权利意识很强。只要父母违背了宝宝的意愿，宝宝就会觉得父母不够尊重他们，侵犯了他们的权利，就会强烈反对。"这是我的，不是你的！""我就这样！""你去吧！"宝宝能够这样表达自己的愿望和要求，区分自己和他人的语言就脱口而出了。

让宝宝充分体验自我的强大

这个时期的宝宝觉得"我是有能力的""我能自己做事"……面对这样的"小大人"，父母应该怎么做呢？父母必须做到引导、支持和配合。

1. 打断宝宝时，先征询宝宝的意见。

这个时期的宝宝对自我比较看重，对别人的要求有一种天然的防备心理，这也是对"独立感"的一种保护。但是，有的时候，我们的要求非常正当，但不利于为宝宝建立规则。怎么办呢？需要征询宝宝的意见。

例如，当宝宝专注地玩耍时，这时若到了吃饭时间，我们可以先问问宝宝："宝贝，先吃饭好吗？"如果宝宝不同意。妈妈就要跟他解释："到了吃饭时间，大家一起吃！如果你想玩下去，饭就凉了，而且可能被吃光，你就没有饭吃了！"这样，孩子就会懂得，有些事情可能不符合自己的意愿，要按规矩来。

2．让宝宝体验被尊重的感觉。

我们跟宝宝沟通的时候，如果话语里体现了对宝宝的重视，宝宝对独立感的需要就获得了满足。例如，妈妈给宝宝买东西的时候，可以对他说："宝贝，这是我给你买的！"吃饭的时候，妈妈可以对宝宝说："宝贝，妈妈做了你最喜欢吃的菜！"当妈妈要把宝宝的东西送人的时候，可以先问问宝宝："你愿意把这个东西送给别人吗？"。

被尊重的感觉契合了宝宝当下的心理需要，使宝宝感到舒服，这样他会更有自信。

3．让宝宝看到自己的能力。

宝宝不但想知道自己的能力有多大，更渴望自己的能力被父母肯定，这会带给他们已经长大了的感觉，使得他们更有信心去实现自己独立的愿望。

我们在做事情的时候，宝宝在旁边跃跃欲试。我们可以给宝宝提供一些施展自己能力的机会。比如，妈妈要看电视，可以对宝宝说："宝宝，帮妈妈把遥控器拿过来！"宝宝做了之后，妈妈要对宝宝说："谢谢！"妈妈去买菜的时候，可以让宝宝帮忙拿一点，这样既满足了宝宝做事的欲望，又锻炼了宝宝的体能。

宝宝说：“我就这样！”

成成从小就喜欢吃煮鸡蛋，妈妈剥掉蛋壳，把鸡蛋放到盘子里，他就自己拿着吃，特别省劲。两岁半了，剥好的光溜溜的鸡蛋，成成不喜欢了，自己要去厨房拿一个带壳的。妈妈告诉他："这个不能吃，生的！"

成成拿着鸡蛋去卧室，放在床沿上玩，一不小心，鸡蛋碰到床头上，碎了。成成见状，哈哈大笑。妈妈忍住怒气，一边换床单一边问："这是生的吧？"儿子点头。妈妈说："以后别拿生鸡蛋了，弄碎了，多麻烦啊！"

从那以后，成成再也没去篮子里拿过生鸡蛋。妈妈问："成成，还去篮子里拿鸡蛋吗？"成成说："不拿了，会碎的！"

宝宝执拗，自有道理

有的时候，宝宝表现得特别执拗，妈妈好话说尽，就是改变不了宝宝的想法。

有一天，妈妈给君君穿鞋，她说："我自己来！"君君折腾了几分钟都没穿上，急得大哭。妈妈要来帮忙，她不让。妈妈赶时间，说："今天妈妈穿，明天你自己穿！"君君就是不同意，结果，妈妈上班迟到了，女儿去幼儿园也迟到了。

吃饭的时候，君君要用筷子。妈妈说："你的面条已经弄断了，用叉子就可以。"君君不干，一定要用筷子。

妈妈带君君出门玩，君君非要拿着手里的葫芦娃玩具。妈妈说："带着可以，但是，如果有小朋友想玩，你要给小朋友玩啊！"君君说："我不给小朋友玩！"妈妈说："那你就别带了！"君君不愿意，硬是带着它出门了。

宝宝小小年纪，就这么执拗，很让父母苦恼。在宝宝心目中，自己已经独立了，自己的事情就应该自己决定。不支持他的行为的人，宝宝当然不接受。宝宝急了，会说："你走开，走开！"

很多时候，我们告诉了宝宝某件事情不可以做，但他们还要尝试。宝宝不是不信任我们，而是理解不了我们指出的后果。他们的思维方式属于直观思维，推理能力有限。

宝宝执拗起来，气得父母恨不得给他一巴掌，不自觉地提高了声调，这样，不但容易激发宝宝的反抗情绪，也会让自己的情绪处于非理性状态，不利于解决问题。

适度实施"自然后果法"

"自然后果法"是法国著名教育学家卢梭提出的，他说："不能为了惩罚孩子而惩罚孩子，应当使他们觉得这些惩罚正是他们的不良行为的自然后果。"

1. 站好自己的位置。

面对宝宝的"不买账"行为，我们容易生气、急躁，如果任负面情绪蔓延，我们就无法做出有效的管教行为。此时，最有效的管教方法就是让宝宝认识到：执拗不是独立的表现。要达到这个目标，我们先要站好自己的位置，不冲宝宝发脾气，更不能羞辱宝宝，而要尊重宝宝当时的感受，让宝宝知道这么做的后果。

就拿君君穿鞋这件事情来讲，妈妈给君君穿鞋，君君说："我自己来！"这时，妈妈不能催促，也不能埋怨她。妈妈要表达一下同情："这么久没穿上，你肯定很着急！妈妈知道你独立了，想自己穿。可是，时间来不及了，这次，就让妈妈帮你吧！"这样尊重的话语，宝宝一般都能听进去。

2．一般情况下，可以使用"自然后果法"。

卢梭认为，在任何事情上，教育都应该是行动多于口训，因为孩子们很容易忘记他们自己说的话和别人对他们说的话，但是对他们自己所做的事情，就不容易忘记了。

我们习惯于对孩子讲事情的后果。当孩子不听，我们就更生气。我们应该明白"身教胜于言教"的道理，对于两三岁的宝宝，言教的效果更是微乎其微。

我们没理由生气，要是再给宝宝贴上"不听话""执拗""倔强""熊孩子"等标签，给宝宝带来的伤害就更大了。面对执拗的孩子，我们应该给予一定的支持，让他们按自己的意愿去做。他们看到后果后，就明白自己错在哪里，就能长记性。我们只需帮助宝宝收拾好残局，大度地说一句："这么做不行，以后就别这样了！"

3．有危险的事情，不可以使用"自然后果法"。

自然后果法的有效性在于宝宝见到行为的后果后，接受了事实，懂得了"不可以这么做"的原因。但是，当宝宝要做的事情有危险的时候，为了避免伤害，我们就不能等行为结果出来后再制止他了。

例如，当两三岁的宝宝对爸爸的剃须刀产生了兴趣，要拿着玩时，或者用来刮胡须时，这件事明摆着会有危险。在这种情况下，我们就要严肃地告诉宝宝，剃须刀会带来伤害。如果宝宝还不松手，我们就要强行拿过来，放到一个宝宝不能接触到的地方。而且，我们要警告宝宝，以后不许拿！

宝宝心语："我就是要反对你！"

> 餐桌上，妈妈拿起一个馒头。两岁半的儿子夺过来，并大声说："你别吃馒头，吃米饭！"儿子用一双小胖手护住馒头，不让人拿。妈妈逗他："那你就咬一口吧！"儿子说："我不吃馒头。"妈妈说："那你就吃米饭吧！"儿子说："哼，我就不吃米饭！"妈妈学儿子："哼！"没想到儿子说："你别哼！"看着儿子一本正经地耍"霸道"，妈妈忍不住笑了！儿子说："不许笑！"

逆反是独立的表现

有时，宝宝会无缘无故而且是毫无目的地反对父母，你是不是觉得宝宝在无理取闹呢？其实不是，这是第一叛逆期特有的表现。

两三岁的宝宝表现出的逆反，主要在于情绪，而不在于行为："我来，你别弄！""我就这样！""不行！"有的时候，他们不管自己的行为正确与否，就冲着父母大喊大叫，用强烈的语气表明："我长大了！""我是个独立的人！""我要坚持我自己的想法！"

宝宝到了两三岁，对自己有相当程度的了解了，他们能拿到想要的物品，能爬到很高处，能到处走，能提出问题，还能作出决定。很多大人能做的事情宝宝也能做了，而且他们还不断制造"小事件"，让大人都无可奈何，他们则从中感受到了自己的影响力，觉得自己长大了。这时，一些大人并不认为他们很有能力，不给他们展现能力的机会，宝宝心里就不服气。于是，当大人要他们怎么做时，他们觉得大人这是在侵犯自己的自主权，就会抓住机会，很强烈地反抗。

不跟逆反的宝宝较劲

宝宝感觉自己独立了，希望人们认识到自己的独立，尊重自己的独立愿望。我们要顺应宝宝的心愿，帮助他们从当下开始，一步一步地走向真正的独立。

1. 必须改变的一种认识。

当宝宝表现出不合作的态度时，我们必须改变认识，那就是：宝宝不是不听话，不是不懂规矩，不是表现不好，而是做出了与他们年龄相称的行为。这样的行为有错吗？宝宝没错，我们也没有必要生气，更不能跟宝宝较劲。

2. 给宝宝实现独立的机会。

宝宝需要独立，我们的支持会减少他们的反抗，有利于他们按着自己的想法去行动，从而走向真正的独立。如果不是原则性问题，对宝宝没有伤害，只是不随大人的心愿，可能会给我们带来一些小麻烦，我们就尽量不要限制宝宝了。

宝宝需要在行动中获取经验，认识到什么是对什么是错，才能实现真正的独立。成长是一个摒弃不成熟从而走向成熟的过程，我们保护了他们做事的热情，他们才能建立起真正的自信。

3．接纳形式上的反抗。

情绪是叛逆的外在表现，如果宝宝心中对结果、得失没有考量，他们就会反抗，为了反抗而哭闹，为了显示自己的独立而喊叫，怎么办？带宝宝换个地方，去做另一件事情，宝宝很快就不反抗了。情绪状态改变了，宝宝的逆反行为就没有了。

我们举个简单的例子。宝宝想玩滑板车，但是刚刚下过雨，道路有些泥泞，滑不起来。妈妈跟宝宝说："下过雨，会有很多蘑菇，我们拎个篮子去采蘑菇吧！"宝宝就开开心心地跟着妈妈走了。

4．不要认为宝宝倔强。

当宝宝不停地反对大人的时候，我们一定不要觉得是宝宝太倔强或太执拗，这些词语通常用来描述一个人的性格，而宝宝的表现只是成长阶段的反应，我们千万不要把这些描述宝宝性格的词语说出来。对宝宝来讲，这样的话语是消极的心理暗示。在这样的心理暗示下，宝宝真的会变成一个倔强或执拗的小孩。

宝宝太"独"

家里来了小客人，吃饭时间到了，两岁半的齐齐快速站到椅子上，高声说："不给姐姐吃！这个是我的！"妈妈说："给姐姐吃，大家一起吃！"

齐齐转着眼珠，走到妈妈跟前说："姐姐不吃！"他很霸道地把自己的愿望变成了姐姐的想法。妈妈接着说："大家一起吃，才开心啊！"齐齐大声说："不行！"

可是，真正吃起来，齐齐一点儿都不排斥姐姐。还问："姐姐，好吃吗？香吗？"

为什么宝宝的眼里没有别人？

两岁半的宝宝很自我，认为整个世界都是他的，遇到可能有同样需求的人，他就会产生排斥心理，好像别人的到来就是要跟他抢东西。例如，宝宝在沙堆玩沙子，远远走过来一个小朋友，宝宝立刻来一句："他不玩沙子！"宝宝和妈妈去超市买饮料，路上见到另一个小朋友，妈妈跟他打招呼，宝宝立刻来一句："他不喝饮料！"

随着宝宝不断长大，这份"霸道"会变得越来越温和。但是，宝宝三岁以后，对他人仍然会有排斥心理。他们的叛逆不仅表现在语言上，在行动上也有体现。和小朋友一起玩的时候，大有指点别人的派头。比如，他们会说："你别弄我的滑板车！""这是我的！"对方行动慢了或者没有领会他的意图，他们往往一边说，一边就动手了。

三岁左右的宝宝开始出现合作意识，但这并不等于宝宝不会独占。即使我们教宝宝分享，他的友好态度也不会一视同仁，而是因人而异。我们要给宝宝时间，帮助他把行为方式内化，形成稳定的品质。

几个宝宝在一起玩，争抢、推搡是不可避免的事情，大人不要早早介入进去。不管是"欺负"还是"被欺负"，都是宝宝很重要的交往经历，是他们走向和平友好之路的关键体验。

让宝宝体验群体生活

宝宝习惯了一个人玩，虽然渴望和小朋友在一起，但是因为缺乏相处的经验，大家都很自我，合作不起来。在这种情况下，我们要给宝宝正确的引导。

1．大家一起玩。

宝宝和其他小朋友在一起的时候，妈妈轻轻地说："小朋友们一起玩，最开心了！"大家在一起玩游戏，更能体会到一起玩的乐趣，比如踢球、扔球、玩小火车等。他们很友好地凑在一起玩的时候，不管是玩小车还是玩滑梯，我们都不能放松，因为他们随时都有可能闹别扭。

当我们听到宝宝说"走开""我的"等语言，宝宝可能被侵犯或者想独占了，我们要赶紧过去疏导一下，让宝宝看到一个全新的、懂事的自己。

2．大家一起分享。

天气好的时候，我们带宝宝出去玩，会遇到很多其他的小朋友。不管是小零食还是小玩具，我们可以多带一些，让宝宝与他人分享。在家里整理所带玩具或者零食的时候，我们可以跟宝宝说："要和别人一起玩，要和别人一起吃。"这样，在宝宝心中，就有了别人，有了"一起"的概念。

3．轮流玩，等一等。

如果父母教育得当，一些宝宝能够学会拿自己的玩具跟别的小朋友换着玩，玩具少时宝宝也能排队等候。但是，当宝宝遇到特别喜欢的玩具时，可能会唤起他的占有欲。这个时候，他可能会抢，会不按次序，会霸占。怎么办？我们态度要坚决，坚决引导宝宝执行规则。

举个例子，大家一起玩滑梯，要按次序排队。宝宝可能会着急，忍不住挤到前面，自己先来。遇到这种情况，我们不妨这样对宝宝说："我们要排队，等一等，否则会伤害到别的小朋友！"慢慢地，宝宝就有了包容意识。

宝宝嘴里的"不"，你理解对了吗？

妈妈和宝宝一起玩拼图游戏，妈妈先拼出一只老虎，说："宝宝，看一看，老虎好凶猛，好不好？"宝宝看了看，说："不好，不好！"他说着就把老虎的脑袋弄到了别处，找了狐狸的脑袋安在上面。宝宝问妈妈："妈妈，好不好？"妈妈说：狐狸的脑袋，老虎的身体，不错！如果把狐狸的脑袋和狐狸的身体连在一起，怎么样呢？"宝宝重新安好，宝宝问："妈妈，好看吗？"妈妈说："太好看了，太漂亮了！"

宝宝说"不"，带有一定的盲目性

宝宝到了两三岁，嘴里的"不"字很多。我们问他："去不去？"他回答："我不去！"我们问他："吃不吃？"他回答："不吃！"我们征询宝宝的意见，听到宝宝这么说，千万不要觉得宝宝真的不愿意。

有时，宝宝明明饿了，可能说出口的还是"不吃"。如果真的不吃饭，宝宝就会闹情绪。有的妈妈跟宝宝较真，说："刚才问

119

你，你说不饿，这才几分钟你就饿了，饿着吧！"妈妈这么"狠"，宝宝感觉受到了伤害，忍不住会哇哇大哭。妈妈当然不会有意地去伤害宝宝，宝宝当然也不会有意地欺骗妈妈。之所以出现这样的情况，就在于这个年龄段的宝宝还不能准确地了解自己，而妈妈又不能理解宝宝的这个心理特点。宝宝说不饿，可能是当时正玩在兴头上没顾得上，也可能是因为他没想到吃东西就顺口说"不饿"。

这个年龄段的宝宝说"不"的欲望很强烈。如果我们说："别玩了，吃饭吧！"他为了彰显自己的独立主张，不假思索地就会来一句："不吃！"事实上，他已经饿了，想吃饭了。

我们不可以"太天真"，认为宝宝说什么就是什么，而要根据实际情况作出判断，到了该吃饭的时候了就要准备饭，不然，等宝宝喊饿了，再准备可能就有点晚了。

我们不要被宝宝强硬的态度震慑住，认为他已经考虑好了。其实，这个年龄段的宝宝思考问题常常只有一个维度，判断对错的能力不高，对危险的预测力不强，行动跟着欲望走。对宝宝来讲，表达独立的痛快劲儿远胜于表达真正的心声，更何况他的自我认识能力还很弱。我们可以通过宝宝的行为来了解他的小心思。

不跟宝宝"斗"，也能了解宝宝的心声

我们跟宝宝的"不"较劲，输掉的除了我们的耐心，还有宝宝的成长。我们不妨运用如下方法，妥善解决问题：

1. 让宝宝来选择。

两三岁的宝宝需要自己做主，如果我们替他做主了，就会发

生权利之争，宝宝会以顶撞等方式来表达内心的不满。我们要想让事情顺利进行，必须给宝宝他需要的权利。最好的方法是：我们列举出两三个备选方案，让宝宝来选择。

例如，我们在做饭前，可以问宝宝："是吃米饭，还是吃包子？"即使我们知道宝宝喜欢吃米饭，也最好这么问。出门前，我们可以问宝宝："咱们是去动物园看动物，还是去儿童城玩海盗船？"我们提出的选项让宝宝来选择，宝宝感受到被尊重，往往乖乖"就范"，这样既满足了宝宝做主的需要，也锻炼了宝宝的选择能力，还避免了宝宝逆反。

有的时候，宝宝可能会作出选项以外的选择，只要可行，我们就要"遵命"："宝宝的想法不错，就听宝宝的！"

2．不要用命令的口气跟宝宝说话。

有些父母喜欢用命令的话语管教宝宝。当他们不允许宝宝做什么事情时，就会这样说："别出去，在家里待着！""放下板凳，否则砸到脚也不许哭！""今天不能吃巧克力！"这样的命令会让宝宝产生一种被侵犯、被控制的感觉。胆大的宝宝会反抗，即使最后被压制，也可能习得父母说话的口气。胆小的宝宝，面对父母不容置疑的气势，可能被吓到，不加思考地按着父母的意思去做，久而久之，就失去了自主性。

3．暂时放一放。

当宝宝玩得正在兴头上，我们说："宝宝，出去玩呗！"他的回答一定是："不去！"我们硬把宝宝拖出去，他就会发脾气。

如果我们跟宝宝说："先出去玩一会儿，再回来玩玩具，可以吗？"在宝宝心中，出去玩的快乐不会少于家里。这样说，因为没有排斥宝宝在家里玩的需要，反而多了一项玩法，宝宝自然高兴。

4．少在宝宝面前用"不"这个字。

在宝宝这个特别的成长阶段，即便我们想最大限度地保护宝宝的独立愿望，也不能一味地去满足他的任何要求。无条件地满足宝宝，会惯坏他，使其自私、任性。但是，我们也不能给予宝宝过多的限制，否则会激发宝宝的逆反情绪，挫伤他的自信心。

宝宝提出某个要求，我们觉得不合理，会说："不行！""不能这样！""不买！"这样的话语容易挑起宝宝的反抗情绪。面对宝宝的不合理要求，如果我们少说几个"不"，耐心地跟宝宝解释情况，宝宝感受到被尊重，就能平静地接受。

比如，在雾霾天，宝宝想出去玩，我们可以对宝宝说："你想出去玩，可是外面有雾霾，我们吸进肚子里会难受。等明天天气转好，咱们再出去玩吧！"宝宝想买玩具时，我们可以耐心解释："这样的小汽车，咱们家里有，再买一个回去，就太多了！"所以，当我们这么跟宝宝解释不同意的原因时，宝宝也就学会了倾听，而不是简单地拒绝。

分离时刻，宝宝大哭

尧尧两岁半了。有一天，妈妈出门，尧尧竟然大哭了起来。尧尧一把鼻涕一把眼泪地大喊："妈妈，别走，在家里陪尧尧吧！"妈妈纳闷：这孩子怎么变回去了？大概在一岁的时候，妈妈出门，尧尧就能挥手跟妈妈说再见。再大一些，尧尧已经会对妈妈说："妈妈再见，开车小心！"尧尧长大了，依赖性反而更强了！

宝宝忍受得了分离的痛苦

妈妈和宝宝建立了很好的情感链接，宝宝会有足够的能量忍受分离，即使分离的时候会哭泣，也能快速地平复心情，自在地玩耍。如果妈妈心软，留下来陪宝宝，带来的不良影响有很多，列举如下：

1．强化宝宝的大哭行为。

当宝宝用大哭的方式要挟妈妈时，如果妈妈因为宝宝的哭闹放弃出门，宝宝的目的就达到了，下次他还会这么做。妈妈为难了自己，也不利于宝宝学会接受分离的现实。可见，妈妈的让步并不是正确的做法。

对宝宝来讲，能够接受分离的现实是走向成熟的标志，是独立的表现。宝宝只有在经历分离的过程中才能获得战胜分离痛苦的能力。

2．不利于宝宝建立自信心。

妈妈随了宝宝的意愿，不和他分离，其实是在以行动告诉宝宝：宝宝还小，需要更多的照顾。其实两三岁的宝宝已经具备一定的独立性。妈妈硬是觉得宝宝不具备这个能力，这样不利于宝宝建立自信心。

3．会让宝宝变得自私。

当宝宝不想和妈妈分离的时候，如果妈妈留下来陪宝宝，会让宝宝觉得"妈妈会听我的话"。这样的私心膨胀开来，宝宝会要求身边的一切都围绕着他转，都要接受他的控制，当他不想和谁分开的时候，谁就不能和他分开。如果别人强行和他分开，会导致他强烈的反抗。

宝宝哭闹，我们该怎么做？

当我们外出时，宝宝会大哭大闹。我们究竟该怎么做，才不至于搞得宝宝不开心，影响他的成长呢？

1．如果理由正当，就要想办法解决。

当宝宝生病了，他不愿意妈妈外出，表现出来的反抗情绪更强烈。如果妈妈必须离开，那么，就事先做好安抚工作，好好跟宝宝解释，工作结束立刻回来。妈妈要尽可能地陪伴宝宝度过心理难过期。这样，妈妈外出的时候，宝宝的心理波动就不会太大。

2．分担宝宝的痛苦。

宝宝大哭大闹时，我们不要有一副"恨铁不成钢"的心态，更不要说："都这么大了，还哭啊？我又不是不回来？"这样的责备话语会打击宝宝的自尊心。宝宝失去了良好的感觉，做出来的事情会更糟糕。

我们要给予同情，让宝宝感受到我们对他的支持。宝宝的痛苦被分担后，宝宝就有力量面对接下来的分离现实。比如，妈妈离开前，宝宝大哭，妈妈可以这样说："宝宝想跟妈妈玩，妈妈理解。妈妈不能跟宝宝玩，心里很难过。但是，妈妈必须去工作。妈妈再陪宝宝一会儿。"到时间了，妈妈就跟宝宝说再见，一定要果断地离开。

3．建立良好的亲子链接。

如果我们没有和宝宝建立起良好的亲子关系，那么，即使我们外出，宝宝也会有淡定的表现。有一类宝宝，在妈妈外出的时候，自己该怎么玩就怎么玩，一副无所谓的样子。这类宝宝因为没有和妈妈建立起依恋关系，心理学上称其为"回避型依恋"。我们知道，亲子依恋是宝宝社会化过程中的一个阶段性表现，是宝宝和主要抚养人之间最初的社会化链接，是宝宝建立安全感的唯一途径。亲子之间没有很好地建立起这个链接，宝宝的社会化进程和人格发展将不会那么顺利，宝宝可能会悲观，不自信，不敢信任他人。

当我们外出的时候，我们要注意观察宝宝的表情。宝宝如果太无所谓，可能亲子关系不是很好。我们要查找原因，好好修复。

宝宝怎么就不跟别人打招呼了呢？

"遛娃"是妈妈们每天都会有的日常活动。妈妈跟别人打招呼，宝宝也会打招呼。即使是不熟悉的人，宝宝喊一声爷爷、奶奶或阿姨，对方就会立刻上前，夸宝宝乖巧懂事。

某一天，已经学会了招手、喊人的宝宝，见人却不说话了。无论妈妈怎么鼓励，宝宝都不张嘴。妈妈看得出来，宝宝不是羞怯，也不是认生，可是，大眼睛瞪着对方，嘴巴抿着，就是不喊人。

妈妈回到家教育宝宝一番："见人打招呼，才有礼貌啊！记着，以后要打招呼啊！"妈妈说了无数遍，宝宝还是紧闭嘴巴。

宝宝不打招呼，与礼貌无关

我们见到谁，不都是很热情地打招呼吗？对方热情的回应会让我们心情变好，友谊之树就在这样简单的问候里增添了绿叶。

当宝宝对打招呼的新奇感过去之后，他可能就不主动打招呼了。我们催促几句，他可能只会问候一句。有的时候，我们怎么催促，他都紧闭双唇，一句话也不说。这会儿不说，几分钟后，见到他特别喜欢或特别熟悉的人，他可能会痛快地喊人。当宝宝不喊人的时候，妈妈来一句："奶奶昨天不是给你好吃的了吗？以后奶奶还会给你！奶奶很爱你！"他就会喊一句"奶奶好"。小宝宝是典型的"利己主义者"，他会想："奶奶给我好吃的，爱我，我可以跟她打招呼！。"

有的时候，宝宝玩得正在兴头上，我们让他们打招呼，他会想："凭什么啊？我正忙着呢？妈妈真是的，无视我的独立性，我就是不打招呼！"。

不管宝宝怎么想，他突然不打招呼了，都有他自己的理由，这些理由在大人看来是很幼稚的，因为我们即使见到特别不喜欢的人，也能硬着头皮聊上几分钟。但宝宝不是这样的，他不想开口就不开口。

我们跟他说明白见人打招呼是基本的礼貌后，给他一段时间内化，我们无需着急。总有一天，学礼貌会成为宝宝看重的事情，那时，他就能主动打招呼了。

这个阶段，当宝宝不打招呼的时候，我们要相信自己的宝宝，他会成为一个懂礼貌的孩子。成长是一个螺旋式上升的过程，只要我们教育有方，规矩都会内化，最后都会形成良好的品质，构建出健康的人格。

不打扰，不强迫

宝宝到了两三岁，会为自己争取独立的权利。他不想跟人打招呼的时候，父母怎么鼓动，他都会紧闭双唇。这个时候，父母让宝宝感受到他的权利得到尊重，不给他压力，不强迫他喊人，宝宝才能对周围的环境放心，才能随心所欲地探索，才不会拒绝走进人群。

1．不给宝宝贴标签。

当宝宝不喊人时，我们一定不要以"不懂礼貌"这几个字来评价宝宝，给宝宝贴上这样的标签。如果我们这样做了，宝宝可能就会认为自己是一个不懂礼貌的人，眼下不喊人，将来还会做出更多不礼貌的事情来。我们对宝宝的评价他很在意，并且会记住。

2．暂时随宝宝心愿。

当宝宝不喊人的时候，我们就算提示宝宝也不管用。我们最好想办法把这个话题岔开，跟对方聊几句，然后就带宝宝去别的地方玩。我们千万不要当着别人的面批评宝宝，任何负面的评价都将成为宝宝对自己行为的注解。

但是，到了没人的地方，我们可以对宝宝说："今天，如果你跟人打招呼，那多有礼貌啊！下次，记得打招呼啊！"。

3．宝宝正在兴头上，我们别打扰。

如果宝宝正在玩耍，遇到熟人来，即使对方主动招呼宝宝，宝宝也不理会。这个时候，我们不妨圆场："宝宝玩起来特别认真，顾不上跟人说话了！"这样做，既避免了宝宝被打扰，也给对方留足了面子。

宝宝说："这都是我的！"

　　佳佳去姥姥家，看到小弟弟正在午睡，身上盖着自己的被子。他一伸手，就把被子拽了下来。等姥姥发现后，小弟弟已经光着身子睡了好久。虽然姥姥给小弟弟盖上了被子，但他醒来后，还是感冒了。妈妈很生气，狠狠地批评了佳佳。佳佳振振有词："这是我的被子，我就不给他盖！"

　　在小区的活动区，佳佳和其他小朋友一起玩。佳佳拿过一根树枝，玩了一会儿，就放在了一边。田田过来了，捡起树枝玩了起来。佳佳看到了，跑过去，一把抢了过来，说："这是我的！"妈妈不解："这怎么就是你的了呢？"

宝宝自我意识发展后，有强烈的占有欲

　　两三岁的宝宝自我意识已经发展起来了。从认知的角度来看，他们已经能够区分自己和他人，会把自己的需要表达出来，能够分清哪些物品是自己的，哪些物品是别人的，物权意识就这样开始产生了。我们千万不要以为宝宝说出了"你的"和"我的"，他就真的能分清"你的"和"我的"，这中间有一个"分不清你我"

的混沌期。

有一首美国儿歌《幼儿所有权法则》非常形象地概括了宝宝的物权意识还不够清晰的表现。

如果是我喜欢的，就是我的；

如果东西在我手中，那就是我的；

如果能从你手中夺过来，那东西就是我的；

那东西我刚拿过来，就是我的；

如果东西是我的，不管怎么样它永远不会是你的；

如果我在搭积木，所有积木都是我的；

只要看起来像我的，那就是我的；

如果我先看到，那就是我的；

你的玩具放回原处时，它自动变成了我的。

宝宝的占有欲很强，即使没有遭遇物权问题，没人和他分享手里的美食，他也可能来一句："不给老姨吃！"我们不要担心这样的宝宝会变成"葛朗台"，这只是宝宝在特定成长阶段的表现。当宝宝的自我认同感提升到一定程度，有足够的自尊、自信，就会对物权有清晰的划分。

帮助宝宝建立物权观念

要宝宝很客观地分清物品是谁的，需要一个过程。

1. 让宝宝在家里练习认识"我的""你的"和"他的"。

在家里，我们可以教宝宝理解物品的所有权。比如，妈妈可以告诉宝宝："电脑是妈妈的，妈妈工作用，不是你的玩具，你不可以玩！"宝宝的玩具，如果不经过宝宝允许，妈妈不能拿给别的小朋友玩。妈妈清洗宝宝的玩具前，要先征求宝宝的意见。

在日常行为中，我们要让宝宝感受到自己享有对物品的所有权和支配权，别人不能乱动，自己也不能乱动别人的物品。

2．通过"买卖"活动帮宝宝树立物权观念。

有一个阶段，即使是我们的东西，宝宝也会说："这是我的!"怎么办? 我们可以说："这是妈妈的物品，妈妈要用，如果你喜欢，等你长大了，妈妈给你买一个!"我们这么回答其实是在告诉宝宝：长大了，就可以拥有更多的物品；想获得某个东西，要靠买来实现。

宝宝两岁以后，就开始有"买卖"活动了。例如，宝宝在动画片里看到光头强卖板栗、羊肉串，他会把家里的积木当成板栗或者羊肉串，吆喝："妈妈，你买吗?"妈妈问："买，多少钱?"宝宝说："八元!"妈妈说："太贵了，便宜点吧!"宝宝说："九块!"妈妈说："更贵了，我买不起，不买了!"这个过程，能强化宝宝对物品的所有权、物品价值的认识。

3．尊重宝宝的物权。

在宝宝心中，"我的就是我的，我要做主。"我们不经宝宝允许，强行处理宝宝的东西，可能会引发宝宝的反抗并让他产生不安全感。只有被尊重的宝宝，才懂得尊重别人。

比如，宝宝吃东西，别的小朋友要，妈妈问宝宝："给别的小朋友一些好吗?"宝宝答应了，我们就可以给。宝宝强烈反对，我们就没必要给别人。

再比如，妈妈给宝宝买新玩具时，告诉宝宝："这是你的，好好爱护!"有小朋友来家里做客，准备食品的时候，妈妈告诉宝宝："给你和小客人准备的，你们俩要一起享用。"至于宝宝的玩具，如果其他小朋友想玩，妈妈要先和宝宝商量："让其他小朋友玩玩好吗？"这样，能让宝宝感受到被尊重。

4．想玩别人的玩具，要征得对方的同意。

当宝宝想玩别人的玩具的时候，我们要教宝宝征询一下对方的意见："你问问哥哥，他同意给你玩你就玩，好吗？"我们这样引导宝宝，就是要让宝宝懂得：别人的物品不是自己的，自己要玩，要征得别人的同意。当宝宝不敢向别人征求意见的时候，我们要耐心地多教宝宝几次，鼓励宝宝："你要问问哥哥，哥哥同意了，记得说谢谢。"

我们这样引导宝宝，他会明白：每个人都可以有礼貌地拒绝他人，别人可以，自己也可以。

引导宝宝学会交换与分享

群群和欢欢在外边玩。群群捡到一根小粉笔，就在地上画画，画个太阳，再画一棵树，嘴里念念有词。欢欢见了，也要求画画。没有粉笔，怎么办？

妈妈说："掰给欢欢一点儿粉笔吧，大家一起画！"群群双手紧攥，大喊："不给，我还要画呢！"然后，他就跑到别的地方去画了。恰巧，乐乐带着一款新型汽车玩具过来了。他对群群说："咱俩换。你玩汽车，我画画！"群群想了想，说："好吧！"

不给他人玩具，妈妈好尴尬

妈妈带宝宝在外边玩，经常会遇到这样的情况：别的小朋友想玩宝宝的玩具，可宝宝就是不同意。妈妈强行拿过来，宝宝就会大哭。

妈妈着急，心想："昨天还开开心心地玩人家的小汽车呢，今天自己的东西就不能给别人玩，下次还怎么一起玩？这孩子，怎么这么抠？"

有的妈妈懂得，宝宝到了物权意识确认期，划分物权比较刻板。宝宝不愿意给别人，就不要强迫他。回到家里时，妈妈要教育宝宝：好东西要和大家一起分享。对两三岁的宝宝来说，教他们与人交换、主动分享，很有必要，因为这样的行为能促进宝宝的社会化发展。

鼓励宝宝分享和交换

现阶段的宝宝，不跟人分享，我们不能强迫他，但是教宝宝学会分享却是必不可少的教育内容。

宝宝习惯了独享，需要我们引导，才能让宝宝建立起分享意识。宝宝经历了一次又一次的分享和交换后，能够意识到：分享不会失去自己心爱的玩具，交换并不会给自己带来损失，还能玩到别的玩具。于是，在这种正向的体验下，宝宝就会变得主动，社会化水平也就提高了。

1．引导宝宝交换。

对于自己钟爱的玩具，宝宝不太愿意和别人一起分享，这个时候，我们可以引导宝宝学会交换。例如，我们可以对宝宝说："你想玩人家的小火车，可以用足球交换啊！"宝宝可能不愿意交换，那么，我们就接着开导："你不舍得把足球给人家玩，人家怎么舍得把小火车给你玩呢？"我们说动了宝宝，对方却不愿意交换时，我们可以对宝宝说："人家不愿意交换，你就自己玩自己的吧！"宝宝的好奇心强，只要不是新买来的玩具，都愿意换着玩。

2．不要强迫宝宝。

宝宝到了两三岁，即使我们做了大量的工作，宝宝仍然可能不愿意与别的小朋友一起分享。我们无需着急，更不要担心自己的教育没有效果。

宝宝对玩具的占有欲很强。当宝宝不愿意跟别的小朋友一起分享时，他会大喊："这是我的！不给他玩！"这个时候，我们一定不要强迫他，要先肯定他："对，这个就是你的，不是别的小朋友的！"在这个基础上，引导宝宝学会分享，宝宝就能懂得"这是我的"，但"可以分享"。我们支持和保护宝宝"不分享"的意识，宝宝长大了，才敢于维护自己的正常利益。

3．大人要接受宝宝分享的行为。

有的时候，宝宝会把吃的东西给妈妈，说："妈妈，给你吃！"这个时候，妈妈千万不要觉得宝宝的东西大人不能吃，不但要吃，还要吃得津津有味，表现出很享受的样子。然后，妈妈跟宝宝说："妈妈好开心啊，宝宝给妈妈好吃的东西了！来，宝贝，妈妈也给你拿一个！"在这个过程里，妈妈很好地把分享与快乐连接在一起，宝宝有了积极的情绪体验，就会认为分享是快乐的事情。

宝宝想把别人的玩具带回家

军军拿了一个新款的玩具车，过来跟腾腾一起玩。腾腾没见过，很好奇，也很喜欢。腾腾玩了一会儿，就把小汽车放到包里了，跟妈妈说要回家，逗得大人都乐了。

腾腾的妈妈说："你怎么能拿军军的东西呢？拿出来，还给军军，咱们再回家。"腾腾不干，紧紧地捂着包。军军的妈妈说："你们先带回去，下午出来再带回来。"腾腾的妈妈答应了，腾腾开开心心地拿着玩具回家了。

宝宝为什么要拿别人的东西？

宝宝到了两三岁，不是不知道别人的东西不可以拿回家，很多父母已经对宝宝进行了物权意识教育，宝宝已经懂得，这东西不是自己的。那么，他们为什么还要拿回家呢？可能是自己太喜欢这个东西了，便把父母教导的话抛到了脑后。如果父母不强行制止，他们的占有欲就会越来越强烈。

宝宝想拿别人的东西，一般出于喜欢，想据为己有。如果我们已经给宝宝进行过物权意识教育，这时，只要我们坚决不同意，宝宝就会放下，跟我们回家。如果宝宝不顾我们的反对，就是要带回家，就暴露了我们在教养上的不足。宝宝可能一直被溺爱，我们一直在无条件地满足宝宝的一切需要。因此，宝宝见到喜欢的玩具，就想据为己有。这样的宝宝比较难管教，他会撒泼打滚，以此要挟大人。我们绝不能因为好面子或图省事而无原则地妥协，而要坚决地告诉宝宝："那是别人的东西，你不可以拿！"同时，我们不能训斥、打骂宝宝，那样会激发宝宝强烈的逆反心。我们只需平静地坚持原则。

遇到这种事，我们的心情肯定不好。但是，我们也不能怪宝宝不懂事，要知道，孩子不懂事是我们惯的，该负责任的是我们自己，而不是宝宝。我们要耐心地陪伴在宝宝身边，轻轻抚摸宝宝。例如，妈妈可以这样跟他说："妈妈知道，你喜欢这个玩具。你得不到，当然不开心。但是，这个玩具不是你的，你不能带回家。"宝宝既感受到了妈妈的爱，又了解了妈妈的底线，过一会儿他就好了。宝宝虽然痛苦，但他懂得了这样一个道理：别人的东西，我们不可以带回家。

教宝宝面对现实：可以玩，但不可以带回家

"别人的东西就是别人的，我们可以玩，但是不能带回家。"我们早点儿教会宝宝，宝宝就能早点儿懂得这个道理，早点儿习得交往规则。

1. 尽早对宝宝进行物权意识教育。

既然我们已经开始对宝宝进行物权意识教育，宝宝能分清什么是别人的，什么是自己的。

宝宝有了第一次把别人的东西带回家的体验，就会要求有第二次、第三次……我们开了这个口，就难以控制了，迟早要面对宝宝强烈的抗议。因此，我们不如早点儿制止，避免更大的恶果。

2. 让他多玩一会儿。

当宝宝喜欢上别的小朋友的玩具，想拿回家的时候，有的父母碍于面子，会对宝宝说："别拿了，我给你买一个去！"这样的做法会助长宝宝的攀比心理。宝宝会觉得："别的小朋友有的，我就要有，这是理所当然的事情。"

物质上的攀比是虚荣和嫉妒心理的温床。随着宝宝一天天地长大，宝宝依然会不断攀比，整个人就会变得虚荣，不追求真正的人生价值。虚荣和嫉妒是一对孪生姐妹，虚荣心强的人容易产生嫉妒心，看不得别人好，也不能理智地面对自己的不足，总以为是别人挡了自己的路，难以进步。

虽然我们不允许宝宝把别人的玩具带回家，但是可以让宝宝多玩一会儿。我们可以这样跟宝宝说："如果别的小朋友答应，我允许你多玩一会儿，玩够了，咱们回家可以吗？"如果别的小朋友同意了，宝宝就可以多玩一会儿。如果别的小朋友不同意，我们就可以这样对宝宝说："你看，人家没同意，咱们回家玩别的玩具吧！"

成功捕捉"敏感期"

第六章

成功捕捉"敏感期"，让宝宝接受特定的刺激

宝宝出生以后，会陆续出现不同的敏感期。在不同的敏感期，宝宝容易受到特定事物的刺激。不管宝宝处于哪个敏感期，重复什么样的特定行为，偏爱什么样的特定事物，都是成长的需要，都是宝宝内在生命力外化的表现。我们的阻挡会激发宝宝的强烈反抗。尊重宝宝的成长特性，提供适宜的环境才是对宝宝的支持，宝宝才能健康成长。

"敏感期"的孩子很特别

有位妈妈说，自己要被儿子烦死了！她跟儿子说："不要爬上写字桌拿妈妈的笔筒。"可是，儿子就是不听，他每天都要爬上去好几次，把笔都倒出来，扔得到处都是，害得她一天收拾好几遍。

儿子只要看到床上、茶几上摆放着什么东西，不管不问，拿起来就往地上扔。妈妈对他说："妈妈好不容易捡起来，你别扔了，好吗？"可无论妈妈怎么说，都不管用。有一天，妈妈换衣服，顺手把手机放在床上，然后去做别的事情了。妈妈回来时，看到手机和手机壳分别躺在地上了。

妈妈纳闷："这孩子怎么这么喜欢扔东西呢？"无论怎么强调都不管用，她简直要疯了。她没了耐心，嗓门不自觉就高了起来，吓得宝宝哇哇大哭！

管不住的宝宝

宝宝在特定阶段表现出的一些重复行为，比如扔东西、捡小东西放嘴里、说狠话、涂涂画画等，父母管都管不住。是宝宝太顽劣吗？当然不是，这是生命发展的需要，是幼儿成长的特性。生命有机体在早期阶段，对来自环境的特定刺激特别容易接受，人们习惯把这个时期称作"敏感期"。在特定阶段内，幼儿的大脑对某种类型的信息输入会产生特定的反应，以创造或巩固大脑神经网络。

宝宝的"空间敏感期"到了，他们就要通过扔、投掷、爬上爬下等行为来了解物品和空间的关系，感受空间的距离，建构空间概念，建立空间意识。宝宝进入"空间敏感期"后，活动的空间越广阔，将来掌握空间概念的能力就越强。

在"空间敏感期"内，宝宝扔东西时，如果我们不支持，甚至严厉制止，将不利于宝宝的健康成长。宝宝"敏感期"的行为受内在生命力的驱动。过了这个时间段，宝宝在某些方面的发展就不那么容易了，或者会失去这个良好的发展机会。

据传有这样一个故事：1920 年，在印度的丛林里，人们发现了两名被狼哺育大的女孩，大的八岁，小的两岁左右。据说，两个孩子大都是在出生半年后被狼衔去的，然后就跟狼生活在了一起。他们被发现后，就被送到孤儿院，孤儿院的院长辛格牧师抚养了这两个孩子。他虽然努力地让这两个女孩回归到人类的生活，但是她们不肯穿衣服，不肯吃熟食，不肯睡床，处处显露出狼的本性。辛格花费了两年时间教会了八岁女孩如何微笑，花费了四年时间教会她说六个单词。而生活在正常家庭里的两三岁的宝宝，即使我们没有刻意地教，就已经能够流利地说话了。

当宝宝不停地扔东西时，我们不能阻止，但这并不等于我们满足了宝宝的"空间敏感期"发展的需要。我们要容忍宝宝肆无忌惮地乱扔东西，也要引导宝宝合理地扔。我们要教宝宝扔的方法，比如：可以去广场扔皮球，去海边扔贝壳，去小河边扔石子，去草坪上扔布袋，等等。

宝宝长大的力量谁也遏制不住，如果我们强行压制，宝宝当然会反抗。最重要的是，宝宝顺利地度过一个"敏感期"后，才能顺利地进入下一个"敏感期"。我们支持了宝宝的"敏感期"发展的需要，就是支持了他成长的需要，并能确保他能顺利发展。

识别"敏感期"，满足宝宝成长需要

我们常常会看到，在某个时间段内，宝宝会不断地重复某一类动作，比如咬东西、走来走去、捡小物品等，这些都是宝宝在不同的"敏感期"的不同表现。因为"敏感期行为"是宝宝内在生命力的外化表现，所以父母要细心一点，掌握宝宝的"敏感期"的各种表现，这不但有利于宝宝智力的发展，也关系到他的人格发展。

1．捕捉并顺应"敏感期"。

"敏感期"是宝宝生命成长内在秩序的外在表现，是大自然生命规律给我们的提示，我们要善于捕捉，为宝宝营造一个符合内在生命秩序的外在环境，促进宝宝健康成长。

我们要捕捉宝宝的"敏感期"，在教养的过程中，就要做到最基本的两点：

第一，要了解宝宝的"敏感期"表现。

"敏感期"到了，宝宝会不断重复某种动作。宝宝不断啃咬，就是"口的敏感期"；宝宝不断捡小东西，就是"细小物品敏感期"；宝宝不断爬上爬下到处钻，就是"空间敏感期"。两三岁的宝宝，会进入秩序、模仿、自我意识、审美等"敏感期"。

我们还要知道，各个"敏感期"是遵循一定的顺序到来的，而且，会有并存的现象。另外，不同的"敏感期"持续的时间也不一样。

第二，要耐心捕捉宝宝的"敏感期"。

平时，我们要多和宝宝在一起，注意观察宝宝的行为和表现，给宝宝提供不同的环境，让宝宝尽情地"施展"。我们要理解他反复做、坚持做的行为，不厌倦，不打击。我们只有把宝宝的成长放在第一位，才能无条件地接纳宝宝。

2．支持宝宝成长。

我们要支持宝宝成长，不要武断地打断宝宝的行为，而要尽可能地给宝宝更多的自由，在确保安全的情况下，让宝宝更好地成长。

宝宝好奇心强，看到一群小蚂蚁，会饶有兴致地看半天。我们见到宝宝顶着大太阳看蚂蚁，就想让宝宝赶紧回家。可是，蚂蚁对宝宝的吸引力很大，宝宝要看蚂蚁，就是不回家。我们可以在他头上撑起一把太阳伞，陪他一起看个够。宝宝要在这个阶段发展起专注、耐心、聚精会神等品质，就需要有外化的行动，需要我们的支持。

宝宝好大胆，竟然站到了键盘上

爸爸在电脑前写材料，电话铃响了，他赶紧去接。但是，他一回来就看到儿子琪琪用双手拍打着键盘。爸爸再看看屏幕，上面的符号、文字胡乱舞动。"我的稿子啊！"爸爸大喊着，赶紧把琪琪抱到沙发上。

奶奶带琪琪去广场上玩，没几分钟，琪琪就跑远了。在广场东边有个废弃的工厂，地上布满了大大小小的石块和没有拆完的台阶。琪琪在那里跳上跳下，开心得不得了！奶奶担心琪琪摔倒，或磕了碰了，赶紧走过去，拉着琪琪走出来。几分钟后，琪琪就跑回去了。奶奶无奈，大喊："明天我就不带你出来玩了，你太不听话了！"

宝宝到处爬，妈妈要崩溃

有的妈妈说，自从宝宝会爬、能走后，自己简直要疯了，每天都要对着宝宝大喊大叫几次。虽然妈妈知道自己这样对着宝宝喊叫不好，但是，她真的有崩溃的感觉啊！估计有这种感受的妈妈不在少数，这个年龄段的宝宝实在是太闹腾了，太让父母担心了。

宝宝会爬、能走以后，我们会发现，他特别喜欢到处爬、到处走，客厅上、沙发上、床上等地方都是他的"战场"。他从这里爬到那里，从下面爬到上面，整个家都要被他爬遍了。有的妈妈担心宝宝被硬物磕到，就不让他爬，把宝宝抱起来放到沙发上。

宝宝怎么可能安安静静地坐在沙发上玩呢？他往往是玩了没几分钟，就在沙发上站了起来，双手抓着沙发靠背，伸腿往上迈。运气好了，他就坐上去了。要是运气不好，他可能头向下栽下来，直接摔在地上。反应快的宝宝会用手撑在地上，吓得哇哇大哭。被吓到的还有一位，那就是宝宝的妈妈。她会想："这要是摔破头，可怎么办呢？"

宝宝在床上玩，也不让妈妈省心。他玩着玩着，就往床下扔东西。他见什么扔什么。如果妈妈喊停，他会扔得更来劲！

当下的父母非常重视宝宝的早期智力开发，他们会给宝宝买来各种玩具和益智产品，如积木、拼图、拼车、小飞机、小熊、写字板等，这些组成了宝宝的"玩具国"。宝宝当然就是"玩具国"的国王了，他想怎么玩就怎么玩。他把玩具从玩具筐里取出来，一会儿放到小桌子上，一会儿放到电视柜上，一会儿又挪到床上，最后搞得家里到处都是玩具。父母嫌乱，会把玩具放回到筐里，宝宝立马抗议："我还要玩呢！"如果宝宝能够做到很专心致志地玩玩具，父母也会非常开心。可实际情况是，父母刚坐到电脑桌前，还没敲几个字，宝宝就过来了，往电脑桌前一站，翘起手指敲打键盘。

宝宝这么能折腾，我们该怎么做呢？

"空间敏感期"：请带宝宝感受空间

宝宝成长的第一需求就是习得保护自己的能力。这是非常强大的能力，他们会通过自身与外界的接触认识外界，发展自己，一步一步地成长，以满足生命发展的需要。任何形式的阻碍都会招致他们的反抗。我们只有配合，不能阻止。

10个月大的宝宝就开始有空间感觉了，也就是说，他的"空间敏感期"到来了。什么是"空间敏感期"呢？生命有机体为了建立良好的对空间的感知能力，在一定阶段会不断地用各种方法来感知外界事物的距离、高度、宽度等空间维度，我们称之为"空间敏感期"。

1．发展宝宝的空间意识。

当宝宝的手、脚在嘴巴的不断啃咬中被唤醒以后，身体就开始向远处行动了。在行动的过程中，宝宝认识到了自己和周围事物的不同之处，逐渐把自己和外界剥离开后，还要进行进一步的探索——他要探索这个物体和那个物体在空间位置上的区别，他试图弄明白"我"和"物"之间的关系以及"物"和"物"之间的关系，这个强烈的成长需要就是"空间敏感期"。

我们会看到，宝宝喜欢在不同的地方爬来爬去，把东西移来移去。宝宝喜欢堆积木，堆高了之后，会推倒重新再来。宝宝站到高处时，会往下扔东西。宝宝还喜欢把盒子里面的东西取出来，把东西塞进罐子里。这些都是宝宝对空间的最初的认知方式。他们会不断地感知到自己和物体、自己和空间之间的关系，在此基础上建立起空间上的秩序感。

2. 支持宝宝感受空间。

宝宝对危险的感知能力非常有限，我们又不能限制住宝宝的行动，那么，我们就要尽心保证宝宝玩耍时的安全。

宝宝要钻到桌子下面时，我们要提示宝宝："当心碰头，很疼啊！"宝宝爬高时，我们站在旁边保护一下。宝宝去游乐场，玩钻洞洞、滑滑梯、跳跳床，他感知空间的欲望获得了满足，他就不会频繁地在家里钻桌子、爬柜子了。

在日常行为中，宝宝可以有很多感知空间的机会。例如：宝宝吃零食时，我们可以让宝宝从食品袋里自己拿；宝宝玩过的玩具，我们可以让宝宝放进筐里；当宝宝不厌其烦地推拉小车时，我们可以帮他们来"装货"。

3. 让宝宝有更多的体验。

宝宝能走会跑后，活动内容变多了，肌肉力量也变强了，探索欲望就更强了。在内在成长动力的驱使下，他们需要用身体去感受更大的空间，而我们则需要为宝宝提供适宜的外在环境。

我们尊重生命的自然法则，才能让宝宝顺利地成长。宝宝在爬行、走路、上下楼梯、钻洞洞的过程中，不断地突破自身的极限，认识自我，建立空间意识。

宝宝三岁以后，他的空间意识就更强了，此时，他们最热衷的事情是不断地堆积木、垒高。我们会发现：宝宝在沙滩上堆积沙堡，堆成后会推倒再堆；宝宝在家里堆积木，堆好后也会推倒再来。这时，当自己的作品毁掉了，宝宝之所以没有失落感，是因为他们体验到了成长的满足，他们明白"毁掉了可以重新再来"的道理。这就是成长，很神奇吧？在不经意间，宝宝就习得了自然法则。

宝宝不停地捡垃圾

红红妈说："我家宝宝太喜欢往嘴里放东西了！"有一次，红红捡了一个药片放进了嘴里，从那以后，妈妈特别担心红红吃进不该吃的东西。宝宝玩一会儿，妈妈就看看她的嘴巴。

有一次，家里请客，来了很多人，大家一起说说笑笑，非常热闹。妈妈看到红红在揭瓶盖上的锡纸，也就没在意。后来，妈妈看到瓶盖上的锡纸没了，心里咯噔一下。妈妈当时很担心，又不好说出来。妈妈观察了几天，发现宝宝没什么异常反应，也就放心了。从那以后，妈妈就更加小心了。

妈妈生气地对宝宝说："太脏了！"

大概从一岁左右开始，宝宝对细小的事物特别敏感，小球球、小棍子、小石子等事物，只要被他们看见了，他们就会拿起来摸一摸。在宝宝眼里，什么东西都是宝。他看到小棍子、小果皮、小石子什么的，就会捡起来，攥在手心里。

小宝宝捡了什么东西拿在手里后，如果我们说："好脏啊，快丢掉！"一般情况下，他都会扔掉。宝宝长大一些后，会跟妈妈对着干。妈妈越担心他把东西吃下去，他就越要把东西放进嘴里。

过了一段时间，妈妈发现宝宝不往嘴里放捡来的东西了，而是拿在手里或者放到兜里。

当妈妈在宝宝衣服兜里发现小石子、小木头、小贝壳之类的物品时，如果要扔掉，宝宝可能会大哭大闹。这些在大人眼里的垃圾，是宝宝的"心头好"。这是"敏感期"特有的表现，是生命的力量，大人扔掉或者毁坏，宝宝会心痛，当然要反抗。

"细小事物敏感期"：用这三招，宝宝不逆反

蒙台梭利认为，儿童在一岁半到两岁时，会有一个对细微事物感兴趣的"敏感期"。在这个阶段，宝宝的偏好将如何促进自身成长呢？

宝宝主动地去了解细小事物，锻炼了他的手和其他身体器官的协调能力，促进了小肌肉的发展，为以后精细动作的发展打下良好的基础。

宝宝更多地认识了事物的大小、形状、颜色、软硬等，为以

后大脑进行逻辑思考储存了丰富的内容。

宝宝反复地拿起、放下细小物品，有助于大脑神经元之间建立连接，促进大脑发育。

由此看来，我们不让宝宝捡一些小东西会抑制宝宝的成长，而在外边放任宝宝去捡一些小东西也不妥当，毕竟有些小东西不卫生。我们怎么做才能既支持宝宝成长，又避免了可能受到的伤害呢？

1．给宝宝准备一个"藏宝罐"。

当宝宝在外边捡到一些小物品，我们可以给宝宝找个小盒子，告诉他："这是你的'藏宝罐'，把你的宝贝放到这里吧。"这样做，宝宝会感受到支持和尊重，也容易接受。

宝宝捡到的东西不适宜拿回家，我们要告诉宝宝为什么不可以，然后允许宝宝在外边玩捡到的这些东西。有的时候，我们不容易说服宝宝，可以用"替换法"。比如，妈妈可以这样对宝宝说："宝宝，这个纸片太脏，你把那朵小花带回家吧！"妈妈这么说，宝宝往往就能接受了。

2．让宝宝养成"先问后拿"的习惯。

两三岁宝宝正处于认识世界的最初阶段，很多事物他们不认识。他们见到了，感到好奇，就会拿起来。我们要提前告诉宝宝："当遇到不认识的物品的时候，先问问爸爸妈妈，这是什么，可以摸吗？如果爸爸妈妈说不可以，你就不能摸。"

宝宝养成了"先问后拿"的习惯，就会更安全。当然，这个习惯的养成需要一个过程。其间，父母不要呵斥、打骂。比如，妈妈看到宝宝捡地上的烟嘴，就要耐心地对宝宝说："这个是被人扔掉的烟嘴，是垃圾，上面有细菌，不能摸。记得，下次见到不认识的东西，在捡起来之前，要问问妈妈啊！"

3．为宝宝创造抓、拿的机会。

在家里，我们可以给宝宝提供较多的抓、拿的机会。在饭桌上，有很多细小的食物，比如小小的豆粒，细细的豆芽，散落的米饭，细细的黄瓜条等，宝宝用手抓、拿的时候，我们不要阻止。宝宝用餐具夹菜掉落了，我们也不要斥责。我们要知道，宝宝的手部肌肉不够发达，掌控餐具的能力不够强，夹菜或往嘴里送饭的时候，不可避免地会有洒落、动作慢、玩得多吃得少等情况，我们要等一等，忍一忍。

我们可以让宝宝玩一些小玩具。即使我们很担心宝宝会把小东西吃进肚子里，但是也不能让宝宝与小玩具绝缘。我们可以选择能吃的东西当玩具。例如，我们可以把红豆、黄豆、黑豆混在一起，让宝宝挑出来分别放入三个小盘子里；我们准备好带壳的花生、桂圆、荔枝什么的时候，可以让宝宝自己剥。

如果宝宝很喜欢五颜六色的小棍棍形状的积木，那么我们就为宝宝多准备一些吧！我们有空就和宝宝一起搭积木，这样也能锻炼宝宝的抓取能力。

有时，父母需要听从宝宝的安排

妈妈从奶奶家接茜茜回来，一路上，娘俩聊的都是开心事。比如，奶奶给茜茜唱了一首特别好听的儿歌，茜茜中午吃了好多油菜……娘俩有说有笑地到了家门口，妈妈踏上楼梯的一瞬间，茜茜噘嘴了，站在那里看着妈妈上台阶。妈妈上了几级台阶后，才发现女儿站在原地生气呢！妈妈问："宝贝，怎么了？快点上来啊！"
女儿嘟嘟："我先上！"妈妈这才恍然大悟，赶紧下来，
让宝宝先走。女儿一步一步地迈上去，说："妈妈上
来吧！"。

晚上睡觉的时候，茜茜必须睡在爸爸妈妈中间，而
且一定要妈妈在左边，爸爸在右边。如果哪天爸爸妈妈
的位置调换了，茜茜就会不高兴。

宝宝有秩序，弄错了就哭闹

有的父母了解宝宝的心思，能够顺应宝宝的心理。当然，大
人有困难时，也不能对宝宝百依百顺。

君君就是这样一个对秩序有要求的宝宝。平时一家人吃饭，都
是君君挨着奶奶坐，由奶奶照顾她吃饭。如果有一天爸爸挨着奶
奶了，宝宝见了就会哭闹，要求换回去。可是，奶奶感冒了，家
人不能再让奶奶照顾君君吃饭了，爸爸安排君君和妈妈挨着坐。

然而，君君大哭。妈妈说："你这孩子，怎么这样呢？和妈妈
一起吃不一样吗？奶奶生病了，不能照顾你。"君君不干，妈妈
没办法，只得让君君挨着奶奶了，一顿饭下来，夹菜、擦嘴什么
的，搞得奶奶很累。

其实，父母若理解宝宝正处于"秩序敏感期"，重视宝宝的心
理需要，就会想办法。比如，让宝宝挨着奶奶坐，同时又挨着妈
妈坐，这样，就可以让妈妈来照顾宝宝，两全其美了。

宝宝为了追求秩序上的完美，会非常执着，只要他们认定
了，再好的理由也不妥协。比如，"我就应该坐在这个位置""我

的鞋子就应该放在鞋柜的边上""妈妈就该先盛饭""自己的衣服就该由妈妈拿过来",等等。这个时候,我们千万不要觉得无所谓,因为这些事情在宝宝眼里的确是大事,难怪他们不会妥协!

"秩序敏感期":宝宝的要求与内在的秩序相匹配

宝宝在两岁左右,迎来了"秩序敏感期"。宝宝在"秩序敏感期"构建好了内在的秩序,将来就会是一个有秩序、懂规则的人。有状况时,他不会自己先乱了阵脚,失了分寸,而会寻找解决问题的方法。

宝宝从妈妈温暖舒适的子宫里出来后,期盼过上有秩序的生活。在胚胎的发展过程中,宝宝内在的生命秩序启动了,而且会一遍遍地重复原有的秩序,不断地巩固安全感,直到把握了这个秩序,迎来下一个能力发展的关键期。

对宝宝来说,世界是以不变的秩序存在的,这种秩序进入宝宝内心,成为宝宝最初的内在逻辑。宝宝要求后面的事情"和之前一样",希望所有的事情能够根据他认为的秩序来完成。我们的遵从成就的是宝宝的秩序感,而这种秩序感也是道德的基础。

宝宝到了两三岁,对于秩序的在意已经发展到执拗的层面。宝宝在建构内在秩序的同时,对外在的秩序会有要求,包括场所、位置、空间、时间、顺序、所有物、约定、习惯等。如果外在的表现不符合宝宝内在的秩序,他就不会遵从安排,并提出要求或者强烈反抗。

1.遵从才不会执拗。

宝宝的"秩序敏感期"一般呈现螺旋式上升的三个阶段:第

一个阶段，因为秩序的破坏而哭闹，秩序一旦恢复就会安静下来；第二个阶段，为了维护秩序而说"不"，自我意识开始萌芽；第三个阶段，为了维护秩序而执拗，一切要重来。

著名的儿童教育家蒙台梭利在《童年的秘密》一书中，提到了宝宝从出生一直持续到两岁多是对秩序最敏锐的时期，宝宝需要一个有序的环境来帮助他自己认识事物、熟悉环境。这个阶段，宝宝所熟悉的环境一旦消失，就会令他无所适从。到了三岁的时候，宝宝对秩序的要求就已经达到了执拗的程度。

比如，全家出门，妈妈没有像往常一样让宝宝先上车，而是自己先上了车，那么，宝宝就会让妈妈下来，自己上去后妈妈才可以上去。否则，他会大哭大闹。遇到这种情况，妈妈不要嫌烦，配合宝宝就好了。

如果在餐桌上，妈妈帮助宝宝夹了菜，宝宝非要妈妈弄出去自己来夹，这时候，妈妈不要埋怨，把菜夹出来，放到自己的碗里，让宝宝自己夹就好了。要知道，听从宝宝的安排，就是配合他成长。

2. 给宝宝一个有序的环境。

如果宝宝从小生活在一个拖鞋到处放、衣服满屋扔、地上常常满是瓜子皮的环境，他长大后，进入到一个干净、整洁、有序的环境里，会非常不习惯。因为他已经拥有了一个"无序"的人格结构。社会不断地朝着文明进步，一个"无序"的人，在法律、法规面前，是难以自如地生活的。

在教宝宝有序做事之前，我们先要给宝宝创造一个有序的环境。比如：作息时间有条理，碗要放在碗柜里，香皂要放在皂盒里，牙刷和毛巾都有各自的位置，等等。这些要求能满足宝宝内心对秩序的需要，帮助他们巩固"有序意识"。

3．引导宝宝有序生活。

我们引导宝宝有序生活，宝宝的成长才会遵从内在的秩序感，宝宝才会健康快乐。比如：饭前饭后要洗手，睡前要洗澡，起床后要洗脸，回家先换鞋，脱下的鞋子要放到鞋柜里，玩过的玩具要放到玩具筐里，看过的书要放回书架上，等等。

宝宝也要做面膜

妈妈做面膜，三岁半的儿子凑过来说："妈妈，给我也做个面膜吧！"妈妈说："小宝宝的皮肤已经很细、很嫩了，不需要做面膜。"儿子点点头，自己去玩了。几天后，妈妈看到儿子站在梳妆镜前，手里拿着一袋面膜，正努力撕开呢。妈妈问："宝贝，你在干什么呢？"儿子说："妈妈，我要做面膜！"

妈妈的疑惑：他怎么学得这么快？

两三岁的宝宝能力越来越强，我们会发现，不知不觉他们就又学会了新的本领。

宝宝看到妈妈或用杯子喝水或喝瓶装矿泉水，就强烈要求自己来一口。妈妈给他了，他就有模有样地喝进嘴里。

妈妈拉着爸爸的胳膊说："好老公，给我200块钱吧！"谁知，这话被两岁半的女儿听到了，她跑过来，拉住爸爸的手一边晃一边说："好老公，给我 200 块钱吧！"全家人都笑翻了！

两三岁的宝宝已经具备一定的行为能力。大人做什么，他们也会学着做什么。这样的成长方式就是模仿。宝宝想用杯子喝水，如果我们给他吸管水杯，他们就会反抗。

有一天，宝宝玩着玩着，突然来了一句："真倒霉啊！"如果我们深究宝宝遭遇了什么不愉快的事情，可能会失望。那么，他怎么会说出这样的话呢？如果我们陪着宝宝看动画片了，我们就会知道，他是跟着"光头强"学的。

孩子无时无刻不在模仿他人的言行举止。两岁的宝宝正处于"前道德"阶段，对事情没有基本的判断能力，所以，不管好的坏的，只要见到了、听到了，感到新奇，就会学着去做、学着去说。

"模仿敏感期"：给宝宝营造一个良好的成长环境

模仿是一种学习行为。人类除了从自身的行为中进行学习，也会通过观察其他个体活动进行学习，而这种向其他个体学习的基本方式就是模仿。宝宝通过模仿学习各种行为，掌握各种能力，一步一步地走向独立。可以说，模仿是宝宝获得能力的重要行为方式。如果我们武断地制止宝宝的模仿行为，那么宝宝的智能发展就会受到阻碍。

如何满足宝宝的模仿需要，是我们应该了解并努力做好的重要事情。

1．从动作开始模仿。

在"模仿敏感期"，宝宝特别喜欢模仿来自环境的特定事物，而且模仿得特别快。宝宝最先模仿的往往是简单的动作。大人在做什么，只要入了宝宝的"法眼"，他们觉得好玩，也会那么做。例如，宝宝看到腿有疾患的人从身边经过，也会学那人一高一低地走，还会一边走一边说"我瘸了"。

2．营造良好的模仿环境。

父母是宝宝接触最多的被观察者，父母的言行举止最容易被宝宝模仿。为了让宝宝学到更多的好行为、好习惯，父母要自我监督、自我约束，言行举止要有文明礼貌，平时多读书，少看电视，少玩游戏。

我们不要觉得，当我们不眠不休地拿着手机"追剧"时，宝宝没有在意。其实，我们的一举一动他们都看在眼里，并储存在大脑里。眼下他们没向我们学习，不等于将来不学。

3．支持宝宝模仿。

宝宝模仿大人的某个行为，"小大人"模样会很可爱，我们看到了不要爆笑，也不要打断，而要给他们机会让他们做完，这样才有利于宝宝成长。

例如，两岁左右的宝宝遇到台阶会特别喜欢，不停地爬上去走下来，这在大人看来是一件无聊的事情，而他们却能玩好久，而且玩得特别开心。即使我们有事情要做，只要不是特别急，就要先放下，陪宝宝玩。在这个过程中，孩子的运动能力会获得提升。

4．避免不良的模仿行为。

宝宝处于"模仿敏感期"，见到什么就学什么。有些事情，为了不让宝宝模仿，父母做的时候要避开宝宝。比如，妈妈用刀切东西、用针缝衣服等，最好趁着宝宝不在家或者宝宝在睡觉的时候完成，以免宝宝模仿妈妈的样子去做。宝宝的肌肉控制能力有限，又不懂得刀或针会带来伤害，操作不当就有可能伤到身体，非常危险。

很多动画片里都有攻击性画面，父母要尽可能地让孩子少看。对于含有攻击性行为的节目，父母要直接屏蔽掉。

小小年纪，好臭美

灿灿是个两岁半的小女孩，对什么都要求特别高。每次奶奶给她系鞋带，都要反复折腾好几次。结打长了不行，短了也不行！

妈妈的口红除非不让她看到，否则就变成她的了。她会对着镜子不断地涂抹，回头还问妈妈："红不红？"

每次妈妈给她梳头，她都这样那样地指挥，让妈妈梳成各种样式，达不到要求，就会哭闹。

有一天，她要吃梨子，就剩一个了，还有一点儿烂，奶奶用小刀把腐烂的地方挖掉，递给她，说："最后一个了，赶紧吃吧！"灿灿说："太丑了，我不要！"奶奶只得下楼去买。

小小年纪，怎么这么"事儿"？

两岁左右的宝宝以自己的行动，要求获得他所期待的结果。即使外显的行为看起来有些离谱，我们也不要认为他是在无理取闹。

当我们给宝宝吃苹果的时候自己先咬一口，衣服有一些褶皱就让宝宝穿，被子没有放平就让宝宝躺下……这些情况都会让宝宝不开心。

宝宝再大一点儿，发现鞋上有一些脏东西，就会拒绝穿鞋。遇到这种情况，妈妈急得要跳脚。大清早，妈妈要上班赶时间，这么折腾，谁受得了啊？妈妈纳闷：小小年纪，怎么这么"事儿"呢？太刁难人了！要求也太高了吧！

很多父母可能想不到，正是宝宝这些看起来特别"事儿"的行为，开启了宝宝建构道德的大门，为德育发展打下基础。在宝宝眼里，只有鞋带打成心中想要的蝴蝶结才是美丽的，没有窟窿的梨子才是好的，涂上口红就是漂亮的……这个时候，我们以成人的标准来衡量宝宝的行为，就会不耐烦，甚至会去改变宝宝的行为，结果会让宝宝丧失价值感。

生命发展到一定阶段，"审美敏感期"到了，宝宝表现出对美的需要，不断地追求心目中的美，这是生命的内在秩序的外化表现，是成长的需要。如果我们不支持，宝宝就会发脾气、哭闹，不和我们合作。

"审美敏感期"：和孩子一起追求美

追求完美是人的天性，完美会让一个人感到快乐，内心趋于安定，因此我们要支持宝宝追求他们眼中的完美。这不但是宝宝将来能够追求完美的基础，而且也是道德发展的基础。

宝宝的"审美敏感期"的表现是螺旋式上升的，而且持续的时间比较长，大约2~5岁，都会有很强烈的表现。我们该如何做，才能帮助宝宝顺利度过"审美敏感期"呢？

1．给宝宝自己动手的机会。

两三岁是宝宝形成自主能力、自理能力的关键时期，如果宝宝能够很好地拥有自己吃饭、穿衣、整理玩具等能力，就知道什么才是完美的，就会努力塑造心目中的完美样子。而且，他也会很有自信。

著名心理学家埃里克森认为，1～3岁的幼童必须学会自主，例如，自己吃饭、穿衣、讲卫生等。如果不能自理，他们可能会怀疑自己的能力，甚至感到羞耻。

我们要给宝宝自己动手的机会，宝宝在动手完成一件事的过程中会认识美，追求美，建立自信，提高审美意识。

2．支持宝宝追求完美。

当宝宝有了"审美敏感期"的特定表现时，他们会有特定的需求，例如：要求食物完整，苛求衣服的颜色，特别喜欢某一件衣服，追求物品外在的靓丽，在意被褥的平整，等等。我们不要烦躁，而要耐心地满足宝宝的要求，直到他能接受。

我们打扫房间时，宝宝想参与进来。这时，我们给宝宝一个小拖布或小笤帚，让他和我们一起干，这样有助于宝宝认识到"美丽的环境是靠劳动换来的"，需要大家爱护环境。

3．和宝宝一起创造美。

手工制作具备很强的美育功能，能激发宝宝对美的追求。现在有很多手工制作贴画书，只要宝宝按着书上的提示进行操作即可。

对于一些较复杂的手工，如果宝宝搞不定，我们就要引导他们。我们首先要设计好要制作的东西，然后准备材料，如橡皮泥、锡纸、剪子、胶水、纸板等，并和宝宝一起分类、裁剪。

4．带宝宝展现美。

我们可以带宝宝参加一些与美相关的活动，比如模特走秀、童趣表演等。这是一个享受美、追求美的过程。宝宝参加模特走秀前，我们挑选宝宝喜欢的衣服，让宝宝开开心心地上台表演。这样，宝宝会明白，美是能给别人带来快乐的。宝宝可以从别人的掌声中获得自信。

宝宝说："我就喜欢粉色！"

果果有一柜子衣服，如果有人问她喜欢哪一件，他小手一指，说道："粉色那件！"穿衣服前，如果让她自己选，她也一定会选粉色。妈妈说："今天穿蓝色裙子吧！"果果说："我就喜欢粉色！"平时买玩具，妈妈让她选，果果也会选粉色。妈妈想："果果还不到三岁，怎么就有了自己偏爱的颜色？"。

他怎么那么关注颜色？

大概从两岁开始，宝宝会不停地说各种颜色，而且会指着眼前的物品说出不同的颜色。

有时，宝宝不但要自己说颜色，还要妈妈来应和。他随时都会来一句："妈妈，这是绿色，是吗？"在妈妈无数次地回答、指正过后，宝宝分清了颜色。这回，宝宝对颜色的关注热度该降低了吧！不，他们依然热爱。

以上都是宝宝进入"色彩敏感期"的表现。这个时期，宝宝还喜欢拿着彩笔，到处涂画，连自己的身体都不放过。

宝宝认识了各种颜色后，开始只喜欢一种颜色了。不过，对其他颜色，他们也不抵触。不管是穿衣服还是买衣服，或者买玩具，他们都会首选自己喜欢的颜色。

"色彩敏感期"：给宝宝一个真彩世界

宝宝从睁开眼到看清世界所有的色彩，要经过四个时期，即黑白期、色彩期、立体期和空间期。随着年龄增长，宝宝对颜色的辨别能力和指认能力不断增强，宝宝可能会反反复复地给涂色书涂色，往衣服上、身体上涂色。宝宝穿上喜欢的衣服，可能都不愿意脱下来。

1．让宝宝感受自然。

一年四季，每个季节都有自己独特的色调。我们要带宝宝出去走走，让他见识更丰富的色彩，促进视觉发育。宝宝两岁以后，我们就要把他带到大自然，让他亲身感受五光十色、万紫千红的世界，激发他对色彩的感受。

2．衣服的色彩要丰富一些。

宝宝稍大一些，我们就可以给他买一些色彩丰富的衣服。我们不要总是选红、黄、蓝那些简单色，而要增加一些混合色，比如草绿、翠绿、墨绿、浅蓝、深蓝等。宝宝不能只穿明亮色调的衣服，灰暗色调的衣服也要有。

3．房间色彩巧布置。

我们布置房间，既要想到鲜艳的色彩，又要考虑宝宝需要安静的时光。墙壁的色彩选择粉色、淡黄、浅蓝、淡绿等，可使宝宝感到轻松、愉快，但家具的色调可区别于墙壁主色调。

体积较大的家具不宜用太过鲜艳的颜色，而应保持柔和的色调，如粉色、浅蓝色、淡黄色等，以减少过强的视觉刺激。

4．玩色彩搭配游戏。

我们可以和宝宝玩一些色彩搭配游戏，比如：我们可以把一个色彩特别鲜艳的画剪成几部分，然后让宝宝拼接；我们可以把洋娃娃拿出来，让宝宝给他配衣服。只要是宝宝选的颜色，我们就要表扬几句，给他鼓励。

宝宝不会说话

> 乔乔快两岁了，可除了叫妈妈，谁都不叫。奶奶说："你可真笨啊！"妈妈听到了，非常不高兴，都不愿意带宝宝去奶奶家了。妈妈觉得，两岁的孩子不说话是很正常的。虽然这么想，出于放心的考虑，妈妈还是带乔乔去医院做了检测，结果什么问题都没有。

宝宝怎么还不会说话？

当身边的宝宝已经能够数数、背诗、讲故事的时候，自己宝宝连一个句子都说不出来，妈妈会很着急。

语言发展与智力发育有一定的相关性，语言发展得好能促进智力发育。语言是连接人与人的纽带，不会说话，宝宝就无法与人交流，跟小朋友玩不到一起，影响社会交往能力。

一些说话较晚的宝宝常常出现这样的情况——某一天，宝宝突然就会开口说话了，而且会说很多话。怎么回事？儿童语言学习有"爆发现象"。相当一部分说话较迟的宝宝，会迎来一个语言学习与表达的"爆发期"。不同的宝宝开口说话的时间各不相同，原因在于：大脑皮层语言中枢发育水平不同。

当宝宝出现语言发育迟缓和发音不清、口吃等情况时，除了某个语言中枢发育落后外，还可能是宝宝口腔发育异常，造成发音障碍。

还有就是宝宝所处的语言学习环境较差，父母沉闷，交流不多。宝宝语言发育的关键期是 1.5～4 岁。这期间，宝宝越能听到高质量的语言，语言表达能力就越强。

两三岁的宝宝的语言学习过程是一种无意识活动。我们提供了什么，宝宝就学什么。

"语言敏感期"：促进宝宝语言发展的关键时期

妈妈说："宝宝，再吃一点！"宝宝看了妈妈一眼，说："不吃，够了！"多么准确的表达啊！

处于"语言敏感期"的宝宝，语言能力会迅速提高，但也需要父母的正确引导。

1．重复讲更能促进宝宝的语言发展。

不管是一岁的宝宝，还是两岁的宝宝，或者三四岁的宝宝，虽然他们处在了"语言敏感期"的不同阶段,但是,他们习得语言的方式都有一个共同的特点,那就是重复。

所以,当宝宝提出重复听同一个故事的时候,我们不要厌烦,重复讲就好了。在家里放录音、DVD 的时候,也要适当重复。

我们可以给宝宝多读一些诗歌,多唱一些儿歌,并引导宝宝一起读、一起唱。儿歌一般比较押韵,读起来朗朗上口,记起来比较容易。妈妈重复几次后,宝宝自然而然就能记住了。

2. 大人要讲究语言美。

如果我们不小心,在家里随口溜出一句"放屁",那么,某一天,你就会发现,宝宝的嘴里也会有这个词语。

近年来,大量研究成果表明:宝宝的语言能力发展在很大程度上依赖于家庭的语言环境,比如:家庭成员的语言水平,说话的方式,文化修养,等等。

为了给宝宝提供一个较好的语言范本,我们说话时更要讲究语法规则,这样,有利于宝宝更好地组织语言。

家庭成员如果说话粗俗、词汇贫乏,宝宝就无从学习规范的语言。我们讲普通话,发音正确、词汇丰富、语言精练、符合语法规范,宝宝的语言水平才能高。

我们和宝宝说话时,要做到如下几点:第一,要做到放慢语速,口齿清楚,声调温和亲切;第二,批评或妒忌他人的语言都不要在宝宝面前讲;第三,多用积极的语言,避免使用消极的语言;第四,多用询问、建议的语气,少用命令的语气。

3. 让宝宝多交流。

宝宝和小伙伴一起玩,也是一个学习语言的好机会。宝宝在与同伴交流的过程中，大脑需要不断地思考"说什么""怎么说"。宝宝在快速组织语言的过程中能够学会分析、综合、演绎、归纳等最基本的思维方法，思考的敏捷性和逻辑性会大大提高。

宝宝出去玩，结果被欺负

吃过早饭，腾腾就吵着要出去找小朋友们玩，但妈妈不让。昨天，腾腾出去玩的时候拿了一个小汽车，被天天看到，天天上来就抢。腾腾不给，就被天天打了一巴掌。腾腾再出去，要是还碰到那个小朋友，不是还要被欺负吗？

宝宝被欺负，伤了自尊怎么办？

两三岁的宝宝们在一起玩，一定会有争执，这源于宝宝的自我意识。例如，宝宝拿着一辆新买的小汽车，款式新颖。宝宝自己喜欢，别的小朋友也喜欢。大家聚拢而来，难免会有争抢的举动。

如果宝宝总被打，妈妈会觉得很伤自尊，于是就采取隔离的办法来避免宝宝挨打。但是，这样做并不好。宝宝不参加集体活动，社会交际能力发展不起来，将来融入不了群体。可是，参加集体活动又会被欺负，怎么办呢？

有的妈妈就不在乎，她们觉得，小孩子之间抢就抢吧。被抢几次后，宝宝就懂得保护自己的玩具了。宝宝们明白了抢不是好的行为以后，就学会了交换。

这样的交往，有利于宝宝学会处理"控制"与"被控制"、"吃亏"与"不吃亏"、"同盟"与"非同盟"之间的关系，在此基础上，碰撞出每个人都能接受的规则。其间，宝宝们少不了摩擦和打斗。

"人际关系敏感期"：从交换到互助

人在群体中生活是一种社会现象，是人类自身发展的需要。一个人越早懂得"世界太大，个人太渺小"，越能较早地学会如何与人相处。教育的目标就是培养孩子的社会化人格，使孩子掌握并拥有社会认可的行为方式，这样孩子走上社会后才能生活得自在、开心。

1．参加玩具互换活动。

当下，流行一种儿童闲置品互换活动，很多宝宝到了现场，看到有那么多玩具供自己选择，甭提有多高兴了！宝宝被那种充溢着奉献与获得的氛围所感染，互换的欲望会比较强烈。

在这个过程中，我们要给宝宝机会，让宝宝自己去挑选自己需要的物品，然后和对方去互换。当然，这也会出现一厢情愿的情况，我们要注意开导宝宝："再看看别的吧！"

2．把界限展示出来，不强制分享。

当宝宝要拿别人的玩具的时候，我们要告诉宝宝："宝宝，那是别人的。别人的东西不可以拿！如果想玩，你要先征得别人的同意。"特别是，当别的小朋友要自己的玩具的时候，不要为了显示大方或者教会宝宝分享，就强迫自己的宝宝把玩具给别人。那样的话，宝宝会想："我也可以强行拿别人的东西啊！"让宝宝分享之前，我们要先征求宝宝的意见，让宝宝做主。

3. 和大宝宝一起玩。

有的妈妈担心宝宝被欺负，更不愿意让宝宝与大几岁的小朋友玩。事实证明，和五六岁的小朋友玩，争执会少很多。在不同年龄的小朋友之间，有一种爱护和敬仰的感情存在，这是一种真正的兄弟姐妹之情。年龄差带来了小宝宝对大宝宝的崇敬之情。大宝宝对小宝宝的爱护，促使他们引领小宝宝学会游戏规则。

不让宝宝画，他就哭

冰冰最近迷恋上了绘画，在家里到处画，连妈妈的衣服、包包都不放过。家都成了冰冰的画板了，白白的墙壁画满了条条杠杠。粉色的床罩上散落着大小不一的黑色点点，看起来脏兮兮的！妈妈不让画，冰冰就哭闹。有一天，爷爷睡着了，这个淘气的宝宝竟然在爷爷的裤子上画了一个大红苹果，还说："爷爷出去遛弯的时候，饿了就可以摘下来吃。"妈妈听了，真是哭笑不得啊！

宝宝到处画，画了擦不掉

宝宝到处画，搞得我们很烦。我们加紧看管，只要宝宝有行动，我们就上前制止。可是，我们强行制止，宝宝就会大哭大闹，搞得大家都不痛快。看着宝宝哭成了小泪人儿，我们心里也很不痛快，可是，总不能让宝宝随意画啊！

菲菲家住的房子是租来的，妈妈看了好多房子才找到这么一套满意的。可是，女儿趁妈妈不在，在墙上画图画，搞得墙上乱糟糟的。

妈妈不止一次地跟女儿说："不要在墙上乱画，多难看啊！白白的墙壁涂得一道一道的，太丑了！"女儿说："好！"可是，没多久她又画上了。她不仅在墙上画，而且在沙发上、被子上、衣服上、家具上、板凳上画。妈妈忍不住对她大喊大叫。爸爸说："喊有什么用？你嗓子喊哑了，气疯了，她还得画。成长的力量谁可以抑制？你去给她买块画板，让她有地方画。"

"绘画敏感期"：让宝宝尽情地画

大概在三四岁的时候，宝宝进入了"绘画敏感期"，这个时期的宝宝满眼都是画，灵感随时都会来。曾经爱不释手的玩具不再受宠，而画笔和涂料更能吸引他的注意力。宝宝热衷于摆弄画笔，寻找色彩的秘密，搞得手上、脸上、身上都是涂料。他画的东西大人往往看不懂。这没关系，不管宝宝画了什么，他都是在用画笔表达眼里的或想象中的世界。

1．不要在意宝宝画得像不像。

我们最容易犯的错误就是，当宝宝画了些什么后，去评价几句，或有意无意中说的几句闲话，这可能给孩子带来很大的压力。以后，宝宝再画的时候，就不能随心了，不能想怎么画就怎么画，这样会削弱他的绘画表达能力。

我们不要以"像"或"不像"来评价宝宝的"大作"，要知道，不管宝宝画出了什么形状，都是宝宝的"心理画"。

小孩子还不具备情绪掌控能力，但是他们也和大人一样有压力，会有消极的情绪。当宝宝不被大人理解的时候，会很痛苦。绘画可以让宝宝宣泄掉内心不良的情绪，获得心理平衡。孩子自由绘画是一种重要的情绪表达方式，从这一点来讲，"像"或"不像"又有什么关系呢？

2．鼓励孩子多画。

宝宝一开始画一个图形，以后每次都会画这个图形。比如，一个孩子喜欢画小女孩的头像，画的次数多了，笔法也就熟练了。这时，我们可以启发宝宝："这是美丽的小女生啊！宝宝画个男生吧！"慢慢地，孩子绘画的范围就广了。

鼓励孩子绘画有个比较好的方法，就是买画板和画笔。如果我们不想把宝宝绘画的内容留下来，可以让宝宝在画板上练习。宝宝画满了，就擦掉，然后再画。如果我们想把宝宝的画留下来，可以让他在画纸上画。我们给宝宝准备一些绘画用品，鼓励宝宝多画一些，宝宝会更有动力。

3．发现宝宝的天赋。

在心理学家加德纳的智能结构理论里，有一项非常重要的智能形式叫"空间智能"。具有"空间智能"的孩子能够准确感知视觉空间及周周的事物，并且能把所感觉到的形象以图画的形式表现出来。这项智能突出的孩子，对色彩、线条、形状、形式、空间等要素都很敏感。

我们要给宝宝绘画的机会，并用心观察，如果宝宝画出来的图画惟妙惟肖，即使简单的涂抹也很有美感，那么，宝宝可能有着得天独厚的空间智能。

第七章

宝宝反抗时，我们更要尊重他

父母越不让宝宝干什么他就越要干什么时，就会忍不住扯着嗓子对他大喊大叫了。这种激烈的对决并不能纠正宝宝的行为。即使宝宝反抗，父母也要尊重他们，确保把爱的信息传递到他那里，引领他解决当下的问题。

宝宝掐花，我们用得着发疯吗？

家里的杜鹃花开了，红灿灿一片，满屋生香。妈妈闲了就凑过去闻一闻，宝宝见了也要闻一闻。宝宝学着妈妈的样子说："好香啊！"有一天，妈妈给花浇水，浇完几盆吊兰后，扭头看宝宝，发现他正在掐杜鹃花，已经掐掉好几朵了，妈妈很心疼。

于是，妈妈递给宝宝一个小喷壶，说："宝宝，和妈妈一起给花浇水，花渴了，要喝水！"宝宝这下高兴了，从妈妈手里接过小喷壶，开始浇水。完工了，妈妈说："宝宝浇花太认真了！这些花喝饱了水，都在笑着感谢你呢！以后，你要和妈妈一起给花浇水啊！"

阻止宝宝，他会反抗

在两三岁宝宝的价值体系里，"有趣"占主导，这决定了宝宝的行动指南是满足好奇心和探索欲。

即使是一块在成人眼里毫无价值的朽木，在宝宝眼里都有可能是宝贝。他们会被朽木的外形、所处的位置、拿在手里的感觉所吸引，爱不释手。我们不允许宝宝把一块朽木带回家里，可宝宝偏要这么做，怎么办？我们可以引导宝宝，把朽木收拾干净，打磨光滑，然后拿回家，让宝宝玩。宝宝玩一段时间后，好奇心获得了满足，不喜欢了，我们经宝宝允许后就可以把朽木扔掉了。

从大脑发育的角度来讲，两三岁的宝宝大脑发育的主要任务是构建神经网络。神经元受到外来刺激时，会对信息进行加工处理，进而发展成神经网络。

宝宝需要在玩耍的过程中，通过观察、思考、动手等活动接受刺激，促进某些神经元的树突和轴突生长，然后构成新的神经网络。在宝宝眼里，有趣的事物都会激发他们的注意力和探索欲，我们满足他们的需要，就促进了他们的智力发展。有的时候，宝宝会重复玩一个玩具、一种游戏，也有利于大脑发育。同样的刺激第二次出现时，会使第一次建立的神经网络更加活跃。

成长行为是生命体发展的需要，我们阻止宝宝的成长行为，宝宝就会反抗。有些必须阻止的事情，宝宝也坚持要做，就是因为他们并不理解不能这样做的原因，我们强行制止会引发他们的反抗。如果我们和宝宝对着干，就会是"秀才遇到兵，有理说不清"。而且，在宝宝眼里，我们是不懂事儿的，他们必须向我们抗议。

接纳宝宝的破坏行为

也许在宝宝眼里，为花浇水和掐花都是很有吸引力的事情，但掐花这件事需要加以制止。我们让宝宝来为花浇水，当宝宝体会到了浇水的乐趣，自然就没有心思掐花了。宝宝的好奇心需要被满足，于是他不停地去探索——要接触更多且更新奇的事物。

1. 满足宝宝的探索需要。

我们包饺子，宝宝也要包。这个时候，他不管不顾，很快就过来了，那么，我们可以给宝宝一块面团，让宝宝自己玩。宝宝玩的过程中，认识到面是软的，可以包出各种形状的面食。他们会到处粘，懂得了面是黏的。有几次这样的体验后，他们就对包饺子不感兴趣了。我们再包饺子，他们就不过来了。

这期间，如果我们赞美几句："我家宝宝都会包饺子了！宝宝真的长大了，会做事了！"宝宝的自我能力受到肯定，自我价值得到提升，就会拥有自信，做事情的热情必然提高。

2. 让宝宝一起参与。

宝宝的观察能力很强，有什么情况，我们没看到，他们就已经奔过去探索了。在宝宝眼里，掐花很有趣，于是，他们就动手了。父母管教他们，宝宝不会觉得父母有道理。

在家庭教育中，阻止是最不明智的行为。阻止会导致宝宝的畏缩不前，而我们需要的是一个热情参与的宝宝。为此，即使面对破坏性行为，我们也要保持耐心，让宝宝真正明白他能做的事情。任何一个宝宝不参与到生活中去，都无法获得成长。而且，宝宝越不参与做事，责任心就越差，最终会受到生活的惩罚。

宝宝说："我要吃肉！"

丁丁两岁八个月大，身体很结实，喜欢吃肉，不怎么吃蔬菜。米饭要有肉，丁丁才肯吃。如果炒的肉里有蔬菜，丁丁会把菜吐出来，把肉吃了。眼看着丁丁要去上幼儿园了，妈妈担心丁丁只吃肉，会营养不均衡，就开始培养丁丁吃蔬菜的习惯。

没有肉，宝宝不吃饭

没肉就不吃饭的宝宝我们常常看到。很多妈妈担心宝宝的营养不平衡，不知道怎么办才好？宝宝一上餐桌，就说："妈妈，我要吃肉。"宝宝看到餐桌上没有肉，就说："我不饿，不吃了！"。

有一个三周岁的宝宝，他喝粥的时候，一两个小时就喝了几口粥。没办法，姥姥心疼，下午出去给宝宝买来火腿肠，宝宝一口气吃了一根。姥姥无奈地说："晚饭如果没肉，宝宝还是不吃。"

宝宝喜欢吃肉，这个没问题，毕竟肉很香。谁家炖肉了，整个楼道都香气扑鼻，引得人饥肠辘辘。与纯蛋白、纯淀粉、纤维素比起来，油脂更能产生细腻的口感。

宝宝喜欢吃肉还与人类的进化有关。在进化史上，人类绝大多数的时候都是处于食物紧缺的状态。为了生存和演化，人类必须获得能量足够多的食物。肉类热量高，能帮助人类快速地获取能量，抵御饥寒。所以，人类生来爱吃肉。

吃肉是宝宝成长的需要，很多肉类中含有利于大脑发育的DHA、EPA 等营养物质。但是，只吃肉不吃别的，就有问题了。

宝宝过于偏爱一种食物，而不吃其他食物，会造成部分营养素缺乏，不利于个体成长。如果宝宝从小就喜欢吃肉，无肉不欢，养成习惯后，会有饮食偏好。有调查发现，宝宝从小喜欢吃高脂高能量食物，长大后依然如此，发生肥胖、糖尿病等症状的风险会更高。

如何培养不挑食的宝宝？

对宝宝饮食习惯的培养至关重要。我们在宝宝很小的时候，就要培养宝宝"什么都吃"的习惯。

1. 控制好零食。

挑食的宝宝也会饿。如果我们不控制宝宝的零食，宝宝对食物的选择范围就会放宽，会吃一些肉类之外的食物。我们一定不要心软，即使看到他的确饿了，也不要把零食奉上。

2. 与蔬菜相遇。

两三岁的宝宝好奇心特别强，活泼好动，喜欢接触新鲜的事物。我们带宝宝出去采摘蔬菜，不仅满足了宝宝的活动需要，也促进了宝宝的肠胃蠕动，让他更有胃口。我们把采摘来的蔬菜做成宝宝喜欢吃的食物，宝宝吃起来会更有味道。

当然，我们别忘了在饭菜里面放一些肉，最好肉和蔬菜混合起来，比如肉菜包子、肉菜饺子、肉菜丸子等。

3. 提高自身厨艺。

成诚到了两岁半，也不吃豆角，原因很简单——豆角没有肉香。有一天，妈妈决定做豆角焖肉给成诚吃。肉是提前煮得很软的五花肉，香而不腻，和豆角炖在一起，连带着豆角都有一股肉味，很香。成诚吃米饭的时候，妈妈给成诚夹了一小节豆角，成诚吃了，大喊："我要吃豆角！"全家人都很惊讶，几乎是异口同声地说："好好好，给成诚吃豆角！"

后来，妈妈又如法炮制，炒了蒜苔、蒜黄、蘑菇，成诚吃得特别香，从此喜欢上了蒜苔和蘑菇，即使是素炒，也能吃得津津有味。

因为面条软，所以大部分宝宝都喜欢吃面条。父母在做打卤面的时候，在卤里放一些肉，肉味浓浓的，宝宝就能吃好多面。

妈妈不让宝宝踩水，他就哭

雨过天晴，妈妈带宝宝出去玩。小区里到处都是水，宝宝见了，跑过去踩水，水花四溅，他的衣服很快就湿透了。妈妈用劲拽住宝宝，不让他踩水，宝宝便大哭起来。

宝宝见到水，拉都拉不住

两三岁的宝宝走在外边，见到水就跑过去，我们拉都拉不住，他踩在水里，故意跺脚，鞋湿了，衣服也湿了。好不容易穿戴整齐从家里出来了，现在弄湿了，又得折回去换衣服。再看宝宝，他快乐得像一个历险回来的小骑士一样，一点儿都不觉得不舒服。

即使我们很认真地给宝宝做思想工作，告诉宝宝："水太凉，踩上去会弄湿鞋子和衣服，很容易感冒，想玩水，我们带你去海边。那里水多，还干净，咱们玩个够！"宝宝答应得好好的，一出家门，见到路边的积水，还是会快速地跑过去。如果我们很蛮横地拽住宝宝，他就会大哭，搞得我们自己很没面子。

宝宝为什么对水有这么高的热情呢？这要追溯到宝宝的出身了。大家都知道，宝宝是在妈妈的肚子里被羊水环绕着长大的，十个月的"水域生活"深深地刻在他的"记忆"里。宝宝出生后一见到水或一接触水，他的安全感就被激发了。他身体的每个细胞都充满了渴望——要到水里玩。

宝宝曾在妈妈的母体里充分感受到了水的浮力、阻力、压力和温度。他在失重状态下拥有一定的身体控制能力，所以宝宝出生后，进入水里，一般很少摔跤。大人从浅水洼里跑过去都很费劲，宝宝却能健步如飞。

宝宝无论在哪里，他一见到水就想摸一摸、踩一踩，弄得一身泥水。但是，我们又不能强力遏制宝宝的这种需要。满足宝宝玩水的渴望，可能是早期教育中的一件大事。

让宝宝美美地踩一次水

宝宝爱水，让他与水亲密接触，满足他对水的喜爱之情，方法有很多。比如，在游泳馆、家里、海边等地方，可以让宝宝接触水。但是，不管宝宝在哪里玩水，我们都要做好安全防护工作。

在家里给宝宝洗澡更容易出问题。我们要知道，即使水深只有几厘米，宝宝也可能溺水。宝宝溺水后，两分钟的时间就可能失去知觉，五六分钟则可能让神经系统受到损伤。所以，在家里洗澡，我们一秒钟都不要离开，说不定，打个电话、倒杯水的时间，宝宝在浴盆里想站起来，但站不稳，就可能摔倒。

1．水育拓展。

我们要选择较大型的、正规的、专业的游泳馆，这样的游泳馆安全系数会更高。我们要带宝宝接受水育拓展训练，在水的浮力、阻力和压力中，让宝宝的身体充分地与水互动，以此锻炼宝宝的身体协调能力，刺激神经系统和大脑发育。

宝宝身体若出现不适，比如感冒、咳嗽、腹泻，家长就不要带他们去游泳了。

2．多洗一会儿。

随着宝宝长大，宝宝早前用的洗澡盆已经变小了，身体在里面活动不开，玩起来不能尽兴。父母最好给宝宝换一个大一点儿的洗澡盆，我们可以多放一些水，放上宝宝喜欢的玩具，让宝宝在里面多玩一会儿。

如果妈妈和宝宝一起玩，快乐又会多一点儿。妈妈用手捧起水，洒在宝宝的身上，宝宝看妈妈捧水了，自己也要捧水，水从指缝间滑落，宝宝会觉得特别有趣。

3. 带宝宝去海边。

要说哪里水最多，当然要数海边了！我们面朝无边无际的大海，光脚踩在沙滩上，身心会很舒爽。

宝宝来到水和沙的世界，可以玩的项目有很多，比如捡贝壳、挖沙、舀水、踩水、游泳、捉小鱼等，每一个项目都能让宝宝与水充分接触，快乐而有趣。

夜里，宝宝要出去玩

夜晚，乔乔已经洗完澡，妈妈陪着她已经玩了好久了。准备睡觉时，乔乔说："妈妈，我要出去玩！"妈妈说："天黑了，大家都睡了，我们先睡觉，明天再玩，可以吗？"乔乔说："不行，我就要出去玩！"

夏季里，虽然很晚了，但外面依然有人在乘凉。妈妈领着乔乔走出家门，在外边灯光特别亮的地方，看了半个小时的汽车，乔乔这才跟着妈妈回去了。

宝宝会有"特别要求"

两三岁的宝宝会有一些在父母看来特别反常的行为。比如：明明到了睡觉时间，宝宝却不肯睡；宝宝本来在家里玩得好好的，却突然要出去玩；宝宝玩小尺子，想让小尺子站着，薄薄的尺子站不住，他就大哭……这些在父母看来很不可思议的事情，宝宝却很较真。父母不配合，他就会很失望。

这些行为，我们看着很反常，宝宝却觉得很正常。宝宝之所以会提出来，在于内心的强烈渴望。他自己实现不了，就要求我们帮助他实现。夜深人静，他要求我们带他出去玩，不去不行，可能他想见识夜晚的外面是什么样的。就像我们初次去上海，如果没有欣赏外滩的夜景就会觉得有遗憾。在这种情况下，我们跟他说一万遍"外边黑，没什么好玩的"，都不如带他出去看看。出去一次，宝宝看到外边黑洞洞的，没什么意思，以后也就打消了这个念头。

如果我们不配合，宝宝的情绪反应可能很强烈，会不停地说："我要出去玩！"宝宝需要一个结果，任何说教都改变不了他心中的期待。宝宝的渴望越强烈，反抗"不答应"的情绪越激烈，怎么办？我们不能打，也不能骂。我们给他讲道理，他也不听。怎么办呢？

如何引导，宝宝才能顺从？

当宝宝提出的要求得不到我们回应的时候，他就会很失望，甚至很生气，大发脾气。这个时候，我们该怎么做呢？

1. 有的要求可以答应。

夜里，到了睡觉的时间，宝宝却要出去玩。在我们看来，这很反常。到了晚上，宝宝一般就不出去了。可是，宝宝不累，而且他强烈渴望见到外面的夜景，体会夜里玩耍的感觉。我们怎么办？那就带宝宝出去吧！

一家人穿好衣服，走出家门，一起看看星星和月亮，天空中飞过的发光体，亮如白昼的街道，以及夜行的人们。宝宝提出问题，我们就回答一下。

等宝宝有了困意，我们要跟宝宝商量："宝宝困了，要回家睡觉了！街上的行人都在往家里赶，要回去睡觉了。我们也回去吧！"这个时候，宝宝的好奇心得到了满足，就愿意回去了。

2. 让宝宝看到结果。

宝宝拿一把尺子，发现尺子上面画着好多小人，很有趣。宝宝非要让尺子立起来。尺子薄薄的，当然立不住。我们立给宝宝看，尺子倒了。宝宝接受不了这个事实，于是大哭。

宝宝理解不了尺子上的小人为什么站不起来，为此，他的内心很受伤。我们先要接纳宝宝的情绪，这样对他说："宝宝想让尺子上的小人站着，可是小人站不起来，宝宝很难过！"宝宝可能还处在悲伤中，但是，情绪已经在慢慢平复。

我们接着说："这个想法很有创意，说不定哪天我们会买到一个能够立起来的尺子呢！"这时，宝宝的想法已经获得了肯定，他的情绪基本就平复了。我们带宝宝玩点别的玩具，宝宝的兴趣点就转移到其他地方了。

3. 不要觉得宝宝是在无理取闹。

如果我们认为宝宝是在无理取闹，就可能说出一些伤害宝宝的话。比如："你这个讨厌的孩子！""我烦透你了！""你能不能好好睡觉啊！" 宝宝的心理需要被否定了，他的感觉变坏，更不会听我们的话。不管宝宝提出的要求多么无理，我们都要重视宝宝的需要，同情宝宝的感受，这样有利于解决问题。

家有"电视宝宝"

妈妈们在一起聊天，谈到宝宝看电视的问题。其中一位妈妈说："我女儿可以坐在电视机前，连续看上几个小时，一动不动的，像大人那样看电视，特别好哄！"也有妈妈说："我儿子只要在家里，就让我开电视，他不看也得开着。我担心他看电视上瘾，有时不开电视，他一天就要说好几遍：'妈妈，我要看电视！'"。

不给宝宝看电视，他就不停地哭闹

宝宝到了两三岁，一进家门就要开电视。妈妈不给看，宝宝就哇哇大哭，连喊带叫。面对看电视已经上瘾的宝宝，我们该怎么办呢？

宝宝的电视瘾其实与父母有关。

宝宝小的时候，由妈妈或者奶奶一个人带，小宝宝不是睡觉就是醒着，大部分时间也是躺着玩或者坐着玩，不烦人。大人反而很无聊，就一边看电视一边陪着宝宝玩。无意间，电视走进了宝宝的生活。日子久了，宝宝就对这个能出现各种景物、发出各种声音的"大盒子"有了感情，喜欢开着电视玩。

父母可能觉得，看电视促进了宝宝的语言发展，宝宝都能说出很多奇妙而富有哲理的话。而且，现在的电视频道很多，很多宝宝从节目里学到了规范的言行，认识了广阔的世界。

基于以上原因，很多父母不介意宝宝喜欢看电视，但宝宝一看就一两个小时，甚至更长时间。

其实，宝宝长时间看电视，会缺少与他人的互动，时间长了，容易弱化宝宝的语言表达能力，也容易让宝宝依赖上电视。有的宝宝只要待在家里，就要打开电视，不开就要哭闹，就是因为他从小看着电视长大，习惯了电视的陪伴。

宝宝三岁前，是智力发育的关键期。三岁前的宝宝，每时每刻都在学习，每一次学习都会促进大脑发育。大脑发育需要丰富的刺激，而电视提供的仅仅是视听方面的刺激，宝宝参与不进去。从这一点来讲，宝宝需要走出家门，到更广阔的环境中去，不断接受各种刺激，习得更多的经验。

少看电视，多活动

宝宝是可以看电视的。但是，如果我们不加以控制，电视给成长带来的负面影响就会接踵而至，比如伤害视力，弱化活动力，产生依赖性等。如何让宝宝既过了"电视瘾"，又不沉湎于电视？这就需要我们丰富宝宝的生活，增强宝宝对电视的抵抗力。

1. 户外活动第一位。

白天天气好，风和日丽，我们要带宝宝去户外，和小朋友们一起玩，摘一朵小花，呼吸新鲜的空气，沐浴阳光，宝宝的心情一定会好。心情好，成长顺利。宝宝在玩耍的过程中消耗了体力，晚上容易入睡，睡眠时间长，就不会跟电视纠缠了。

我们不要觉得，外面没有什么好，又不是景区，更没有山水。宝宝的兴趣点与成人不一样。在大人眼里，熟悉的小区环境，去了很多次的公园，逛了很多次的商场，已经没有意思了。但是，宝宝置身其中，每次都能找到他感兴趣的内容。

2．室内玩耍花样多。

天气不好的时候，宝宝只能在室内玩。在室内，我们要多准备一些玩具。宝宝自己玩腻了，我们可以跟他一起玩，比如看书、认图片、猜数字、摆图形、做游戏，这样宝宝也会很开心。现在有很多大型的活动中心，娱乐项目很丰富，我们可以带着宝宝去那里玩上几个小时。

3．限制宝宝看电视的时间。

我们要限制宝宝看电视的时间，每次控制在30分钟以内，每天不应该超过两小时。电视节目要选择画面感强、没有暴力、内容有趣的科教节目或者动画片。

有时候，宝宝看起电视来就不让关。遇到这种情况，我们不要考虑宝宝的感受，果断关掉就好。然后，我们可以直接跟宝宝说："眼睛红了，不能再看了，一起做游戏吧!"宝宝不听。我们要继续说："眼睛红了，需要去医院，要不咱们去医院?"大多数的宝宝不喜欢医院，这么一说，宝宝也就放弃了。

当"到时间就关"成为一种习惯时，宝宝的适应能力也就有了，当然不会又哭又闹了。宝宝心中有了"不能长久或无限制地看电视"这样一条规矩，长大后也不会放纵自己看电视的欲望。

宝宝说："我要喝地上的！"

成诚喝果汁，一不小心洒在地上，于是大哭。妈妈过来，说："没关系，杯子里还有呢，喝完了，妈妈再给你倒！"成诚哭着说："我要喝地上的！"妈妈说："洒在地上的，已经拿不起来了，喝不到了！"妈妈给成诚又倒了一些果汁，然后，拿了一个小汽车玩具，成诚就不哭了。

由此，妈妈想到了另一件类似的事情。从小区门口坐公交车三站地，就是一个大的湿地公园，妈妈经常带成诚去那里玩。有一天，成诚渴了，妈妈带的水也喝完了，成诚提出来要去超市买水。

妈妈说："快中午了，回去吧！回小区超市买！"成诚不干，说："就在这里的超市买吧！"每次开车来公园，都会去附近的超市买吃的。但是，步行过去，要走20分钟。妈妈担心已经玩累了的成诚要让自己抱着走，那就更困难了。

妈妈说："坐公交回去，到小区超市去买吧！"成诚大哭："我就在这里的超市买！"大热天，妈妈不想让宝宝哭，只好打车带宝宝去超市买了水。

处处都要随宝宝的心愿吗？

果汁洒到地上就收不回来了，这个道理宝宝不懂，所以才会

183

说："我要喝地上的！"如果地上的东西不脏，能捡起来，相信一定会有父母满足宝宝的心愿。宝宝不清楚去哪个超市买东西更方便、更节省体力，所以才会坚持去公园附近的超市。或许在宝宝心中，这个超市更近。但是，不管宝宝怎么想，他要求去哪个超市，妈妈就去哪个超市了。

从成人的实用性角度来看，宝宝的想法没道理，妈妈为什么还听呢？妈妈觉得宝宝小，满足宝宝的心愿，就可以避免哭闹。妈妈这么做虽然避免了宝宝哭闹，却失去了一次教育宝宝面对现实的机会。从教育的长期效果来看，妈妈应该让宝宝面对现实。在宝宝走向成熟的过程中，需要这种"得不到"的体验。所谓的成熟，是要一个人从内心深处具有适应生活的意识，而不是要生活符合自己的要求。生活不会处处随心，很多时候人们需要放下内心的渴望，坦然接受"得不到"。这项能力需要从小培养，才不会常常被不舒服的感觉侵扰。

对两三岁的宝宝来讲，"得不到"是一个不小的挫折，处理不好可能影响宝宝对外界的信任。但是，这又是宝宝迟早要面对的人生现实。所以，如何让宝宝面对"得不到"而又不会因此失去信心，是我们父母需要学习的内容。

硬起心肠，陪宝宝面对"得不到"

两三岁的宝宝，有了某方面的需求，但我们因客观现实而不能满足他。我们该怎么做，宝宝才不会因为不能实现愿望而受到伤害呢？

1. 坚定不能向宝宝妥协的信念。

两三岁的宝宝非常可爱，即使生气、发怒，样子都是萌萌的。我们见了，本该坚守的原则瞬间土崩瓦解，宝宝说什么就是什么，要什么就给什么了。

成全宝宝虽然能换得暂时的安宁，但从长远来看，不利于宝宝健康成长。我们答应了宝宝的一切要求，宝宝认为是应当的，就搞不懂因果利害关系。他以后遇到类似事情，就无法作出正确的选择。

很多时候，我们需要坚定自己的信念，不向宝宝妥协。虽然宝宝很痛苦，但这种痛苦是让宝宝成长的痛苦，不是伤害，能够获得积极的效果，最后宝宝收获的是幸福。

2．和宝宝一起面对痛苦。

宝宝"得不到"时会很痛苦，我们要充分理解宝宝的痛苦。妈妈可以这样对宝宝说："果汁洒在地上，你很难过，妈妈非常理解！你把瓶子拿好啊！"妈妈以关爱的态度和宝宝一起面对痛苦，提示宝宝怎么做，不谴责，不打骂，宝宝就会与妈妈合作。

宝宝又吃手了

在公交车上，一位三岁左右的宝宝在妈妈和姥姥的带领下，一起出去玩。宝宝坐在妈妈腿上，把一根手指伸进嘴里，开始吸吮。坐在旁边的姥姥看到了，说："把手拿出来，多脏啊！"宝宝看了姥姥一眼，依然吃手。姥姥见了，不顾车子晃动，走过去，把宝宝的手从嘴里拽了出来。宝宝当即大喊，之后又把手伸进了嘴里。

两三岁的宝宝也会吃手

大人看到宝宝吃手，就会强烈反对，把手从宝宝的嘴里拽出来，丝毫不考虑宝宝的感受。他们可能没有想过，宝宝吃手是在满足自己内在的需求。如果大人违背了宝宝的意愿，宝宝就会反抗。

宝宝喜欢吃手，常见的原因有以下几个：

1．宝宝吃着玩。

宝宝感到无趣，又没人陪着玩，实在无聊就吃手了。手是宝宝最初的玩具之一，也是宝宝最爱的玩具。手指长在自己的身体上，随时随地都可以吃到。如果没有什么可玩的，宝宝会想到这个身体自带的玩具。

2．宝宝感到寂寞。

宝宝身边没有玩伴，一个人玩了很久，很寂寞，又没有好看的电视节目。宝宝玩够了玩具，看够了电视，觉得没意思就吃手了。

3．宝宝内心有压力。

宝宝被父母教训后，就会吮吸手指。吸吮手指具有安抚作用，能促进宝宝大脑分泌内啡肽。这种物质的神奇之处在于：可以让宝宝安静下来。

4．宝宝模仿别人。

宝宝还在母体里就已经开始吃手了。宝宝出生以后，慢慢地又会开始吃手。到了两三岁，很多宝宝不吃手了。不吃手的宝宝，看到别的小朋友吃手时，吃手的欲望被唤起，就会把手伸进嘴里，体验久违的感觉。这种情况，一般持续几次就会消失，也不会达到手指损伤的程度。

"南风效应"：不能硬着来

面对吃手的宝宝，如果我们硬是把他的手从嘴里拽出来，宝宝会无比愤怒。他一定会大喊大叫，以更长久的吃手行为来反抗我们蛮横的行为。我们一定要记得，不管我们多么不希望宝宝吃手，我们都不能强行制止，而要温柔地对待。

有这么一个故事，是法国作家拉·封丹写的。南风和北风要比赛，看谁的威力大到能把行人的大衣脱掉。北风使劲地刮，行人冻得直哆嗦，裹紧了大衣。南风轻轻地刮，行人感觉温暖，脱掉了大衣。由此看来，善待别人才能达成自己的目的。

面对宝宝的吃手行为，我们要学习南风精神，顺应宝宝的内心需要，宝宝就会自觉地改掉吃手的毛病。当宝宝吃手的时候，可以说一句："宝宝，来，给你吃香蕉。""在外边玩了这么久，要洗手了！"我们以另外一件能够吸引宝宝的事情来转移宝宝的注意力，宝宝就不会反抗了。当然，前提是宝宝具有充分的安全感，吃手只是他一时想做的事情。

1．满足宝宝的情感需要。

如果宝宝感受到我们的爱，想玩就能自由地玩耍，想我们了就会得到陪伴，即使宝宝犯了小错误，我们也要耐心地引导宝宝，那么，宝宝内心会比较温暖，充满自信，自然就不会吃手了。

2．展现一个有趣的画面。

如果宝宝吃手了，我们不要批评，可以拿本画册给宝宝看，拿拼图和宝宝一起拼，拿个有趣的玩具给宝宝玩，宝宝的注意力就会从手部转移到其他地方。

3．宝宝突然吃手，我们要细心观察。

如果宝宝突然吃手，可能是临时遭遇了某方面的压力，我们要弄清事情的真相，帮助宝宝解压。解压最好的办法就是找到压力源，比如：宝宝可能受到了惊吓，和最亲的人短暂分离，家里来了陌生人，等等。我们陪伴在宝宝身边，给他情感支持，宝宝自然就不会靠吃手来释放压力了。

宝宝尿床了

小虎三岁多了，刚上幼儿园。连续一周的时间，妈妈都要去幼儿园给小虎送裤子。妈妈担心宝宝难为情，就让宝宝在家里待几天，宝宝照样尿裤子了。妈妈一遍又一遍地跟宝宝说："在家里，想尿尿，提前跟妈妈说。到了幼儿园，提前跟老师说。"话音落了没多久，宝宝又尿裤子了。而且，宝宝晚上还尿床。宝宝尿完就说："妈妈，我要尿尿！"妈妈哭笑不得："你都尿了，再说还有什么用？"。

尿床的宝宝不争气吗？

宝宝都是从尿床、尿裤子的时候成长起来的，能够憋尿或者有尿喊妈妈是宝宝长大的表现。

妈妈们在一起，就会提到这样的问题："你家宝宝还用尿不湿吗？""你家宝宝尿尿会喊人了吗？""你家宝宝还尿床吗？"两三岁的宝宝大多数已经脱掉了纸尿裤，夜间有尿已经能够喊妈妈："我要尿尿！"白天，宝宝有尿了，也会喊妈妈。夏天，因为穿的衣服少，有的宝宝已经能够自己脱短裤撒尿了。

但是，宝宝玩累了，玩兴奋了，可能会尿裤子。宝宝尿裤子以后，很多妈妈情绪比较烦躁，因为在她们眼里，是否能够顺利小便是宝宝长大的重要标志。身边有很多宝宝已经能够自己尿尿了，而自己的宝宝还尿裤子，太不争气了！妈妈还有一个担心：宝宝在幼儿园尿裤子，老师照顾不过来，换得不及时，宝宝会着凉。

于是，有的妈妈就会这样呵斥宝宝："你再尿裤子，我就让你光屁股！""臭宝贝，人家佳佳、多多都不尿裤子了，就你还在尿！"结果使得宝宝精神紧张。宝宝心里越害怕，就越容易尿裤子。

宝宝到了两三岁还尿床，主要原因就是父母没有训练好宝宝。一般情况，如果宝宝一个星期尿床超过三次，就说明他还没有养成良好的排尿习惯。但是，如果宝宝五岁以后还尿床，且这种行为每周多达两次，这种情况说明宝宝的身体出了状况，必须去医院进行治疗。

不要呵斥，而要耐心训练

在日常生活中，我们要积极引导宝宝养成良好的排尿习惯。除了定时、定点提醒宝宝排尿外，运动、出行、游戏前也要提醒宝宝先排尿。

一般来说，宝宝尿裤子是由身体机能引起的。在排除了疾病原因之后，如果次数不多，我们不必在意。等宝宝大一些，随着神经系统发育的不断完善，膀胱对排尿的控制能力会自然形成，加上我们耐心地培养宝宝脱裤子、提裤子的能力，宝宝大小便就不是问题了。

1．不把尿。

宝宝一岁半左右，如果天气暖和，洗衣服很方便，我们就给宝宝脱了纸尿裤。在这种情况下，我们原则上不把尿，但是应细心捕捉宝宝的尿意，或者根据时间、饮水量来判断宝宝是否要尿尿。

2．宝宝尿裤子后，需要安慰。

两三岁的宝宝尿裤子后，或多或少会感到害羞，难为情。他们会很小心地留意家人的反应，如果我们大惊小怪，会让他觉得自卑。我们不但不要责怪宝宝，还要安慰几句："宝宝还没有长大，尿裤子，大人不会生气！"我们很平静地帮助宝宝换好衣服，亲亲宝宝的小脸蛋，宝宝有了情感支持，就不会紧张了。

3．适当安排饮食。

为了减少宝宝尿床的行为，睡前我们不要给宝宝喝太多水，也不要让宝宝吃太多的水果。有睡前喝奶习惯的宝宝，也尽量少喝奶；睡觉前，我们督促宝宝去小便，不要憋尿。晚餐吃得清淡点，以免宝宝口渴要起夜喝水。

如果宝宝出去玩，或者吃了较多的水果，喝了过量的水，我们可以给宝宝带上纸尿裤。

宝宝动不动就说"放屁"

某一天，妈妈说爸爸："你放屁啊！"不成想，这话被宝宝听到了，从那以后，他张口闭口就来一句"放屁"。

妈妈反复纠正："宝宝，别说'放屁'，不礼貌，否则你去外面，没有小朋友愿意跟你交朋友了！""你再说'放屁'，妈妈就不带你出去玩了！"可是妈妈的努力，一点儿效果也没有。

宝宝一边瞄着妈妈一边说"放屁"，只要妈妈不急眼，他就不停地说。妈妈很无奈，怎么就管不住呢？干脆就不管了！忽视他，他也许就不说了。宝宝大约到了两岁半，就自动不说这个词了。但是，他又迷恋上了另一个词语"不听话"。有一次，宝宝竟然跟爸爸说："你再不听话，我就把你扔出去！"。

一时改不掉的"重话"

两三岁的宝宝掌握的词汇量已经不少了，能够完整地表达一句话。他听到的话语能说出来。这个时候，宝宝说话的情感色彩较浓烈。语气较重的话语，契合他彰显自己独立的心理状态。因此，他学得快，也喜欢说。

比如，爸爸说一句："你不听话，我就打你屁股啊！"他就能很快学会："你不听话，我就打你！"妈妈晚上说："再不听话，我就把你扔到窗户外头去！"第二天，宝宝就会说："你不听话，我把你扔到窗户外头去！"我们说一句："太难闻了！"他会反复说"太难闻了"，还会捂上鼻子。

在我们心中有着很强的贬义色彩、听起来不礼貌的语言，宝宝当众说出来，我们会忍不住当面训斥宝宝。其实，在宝宝的心中没有文明与不文明、礼貌与不礼貌的区分。他们喜欢说这样的话，只是觉得这些话语说出来有力度，能够快速引发别人的反应。

"超限效应"：纠正多了反倒无效

看到两三岁的宝宝学着大人说"重话"，我们特别想制止，怎么制止呢？直接说"闭嘴"，一定达不到闭嘴的效果，此时的他正处于逆反期，我们越制止，他就越喜欢说。

我们反复强调，让宝宝别说"放屁""你不听话"之类的话不管用。我们唠叨来唠叨去，相同的话语对宝宝刺激过多、过长或过久，反而激发了宝宝的逆反心理。

1. 管住自己的嘴，多说文明话。

两三岁的宝宝学习语言的主要环境是家庭。在日常生活中，父母说文明用语，宝宝听到了，说出来的话和父母一样都是文明用语。我们要求宝宝说话有礼貌，而自己满口的"滚""放屁"等不文明用语，这绝对算得上教养上的"自欺欺人"。

2. 宝宝说了"粗话"，我们别管别笑。

有的时候，宝宝可能从其他人那里听来"粗话"，学会了，在家里就说出来了。我们听到了，不要纠正宝宝，也不要大笑，宝宝感受不到这句话的特别之处，就不会反复说，以引起大家的注意。

一旦宝宝反复说某句脏话，我们也不要因此觉得宝宝学坏了。他并不懂这句话的意思，只是感觉这句话很有力度，于是就模仿说了。我们要耐心地向宝宝解释为什么不能说这句话。即使他领会不透，我们也不要着急。

第八章

培养宝宝好习惯，轻松度过"叛逆期"

两三岁宝宝的成长，有一项重要的内容，就是培养好习惯。如果你的宝宝养成了好习惯，你就会发现，他会乖乖地洗脸、刷牙、整理玩具，一副很享受的样子。这就是习惯的力量！在培养习惯的过程中，宝宝会表现出他的"小逆反"，这又有什么关系呢？我们向宝宝表现出理解之心，就能赢得宝宝的合作。

刷牙有那么难吗？

菊菊两岁半了，牙疼了两次。妈妈看着女儿遭罪，心里很不是滋味，于是下定决心：以后，不管女儿怎么哭闹，都要让她坚持每天刷牙。

可真正实施起来，一点儿都不容易！菊菊一见到妈妈拿牙刷筒，就开始东躲西藏。她被妈妈抓到后，就不停地哭闹。妈妈的心情特别失落：让她刷牙怎么这么难？或许长大一点就好了！妈妈干脆扔掉牙具，不让女儿刷了，等她换牙后再帮助她爱护牙齿。

改变宝宝对刷牙的抵触心理

如果宝宝没有亲眼看到"如果不刷牙，牙就会痛，就会坏掉"的结果，我们让宝宝刷牙就比较难了。刷牙对两三岁的宝宝来讲，不是一件必须要做的事情，而且这件事可能会让宝宝不舒服。难怪，有的宝宝会拒绝刷牙。

我们一定要把不刷牙的坏处告诉宝宝。怎么告诉？最好的方法是武装思想——看绘本，讲故事。《鳄鱼怕怕牙医怕怕》《不爱刷牙的小熊》等，这些绘本画面形象，故事生动，内容符合宝宝的心理，有助于宝宝理解。

一些动画片或科教片里也有刷牙的好处、不刷牙的害处、刷牙方法等内容。我们遇到相关的内容，要和宝宝一起看，这样会对宝宝有教育意义。

宝宝爱美，喜欢新奇、有趣的物品。我们在为宝宝选购或者换新的牙筒、牙刷、牙膏等物品时，要选择宝宝喜欢的款式，这也能激发宝宝刷牙的兴趣。

宝宝刚开始刷牙，会有很强的好奇心。宝宝不会刷，也要自己来，还要自己挤牙膏。这时，我们顺着宝宝的心愿，即使有点麻烦也要忍耐，宝宝参与的过程能增加他刷牙的兴趣。如果宝宝做得好，我们就鼓励他几句，他会很有成就感，刷牙的积极性就能得到提高。我们想办法让刷牙变成宝宝心目中快乐的事情，宝宝就不会再有抵触情绪！

我们和宝宝一起刷牙，他会更积极。一边刷一边唱与刷牙有关的儿歌，比如"里面里面刷刷刷，外面外面刷刷刷"，边唱边做动作。宝宝开心了，刷牙的动作就利索了。

每天都要刷一刷

两三岁的宝宝，每天都应该刷牙，需要每天刷两次，早晚各一次。让宝宝做这件事会有一些困难，这就需要我们花一些心思，好好引导。

1. 真正重视刷牙这件事。

在宝宝养成刷牙习惯的过程中，行动的是宝宝，考验的是父母。首先，父母要重视刷牙这件事。有的父母觉得小宝宝刷牙不是特别有必要，反正早晚要换牙的，等换好牙后，再好好爱护新牙齿就可以了。

事实并非如此，宝宝的乳牙影响着未来恒牙的健康水平。如果乳牙损坏，会影响口腔的牙齿结构和咀嚼功能，导致营养吸收不良，可能还会造成面部发育异常，影响面部肌肉和表达能力，在心理上造成宝宝缺乏自信心。所以，我们必须爱护好宝宝的乳牙。

2. 宝宝已经会刷牙了，自己刷得很好。

当宝宝视刷牙为一种游戏的时候，可能刷几下就失去兴趣，就不刷了。即使宝宝已经养成正确的刷牙习惯，也很难保证他能把牙齿刷干净。刷完后，我们最好检查一下，再补刷一下。有的父母干脆给宝宝数着次数或者规定时间，这些方法都不错。

3. 早开始。

从长出第一颗乳牙开始，宝宝的牙齿就应该被细心地呵护起来。及早开始有利于宝宝接受刷牙这件事，比较容易让宝宝养成刷牙的好习惯。宝宝的乳牙从出生后4~6个月开始长出，到两岁基本长齐，一共20颗。宝宝一岁前，我们可以选择细纱布或者指套牙刷，每天清理宝宝的牙齿，每次喝奶后和睡觉前，让宝宝喝一口清水，也能帮助他清洁口腔。宝宝一岁以后，我们就可以为他选择牙刷了。

4. 让宝宝刷得舒服。

两三岁的宝宝可以用牙刷了。为了让宝宝用得舒服，要注意选择适合小手抓握的儿童牙刷，这类牙刷头小、毛细，很适合宝宝的口腔空间，可以避免宝宝用力不当而伤害口腔黏膜。

我们要选择不含氟的儿童牙膏。挤牙膏的时候，每次用量应为绿豆粒儿大小。为了防止宝宝搞恶作剧，乱挤牙膏，大人要看好宝宝。

宝宝会走路，就让婴儿车"退休"

大好的天气，宝宝们都出来玩了。他们跑跑跳跳，你追我赶，生活真美好！只有硕硕缠在奶奶的怀里，不愿意下来。"硕硕，从奶奶怀里下来，一起玩吧！"大家喊硕硕。奶奶说："去和小朋友一起玩吧！"硕硕下来了，和小朋友们一起跑。没跑几步，他落在了后面，又让奶奶抱着。他的身高快一米了，奶奶抱着吃力。于是奶奶对他说："奶奶抱不动你了，你和小朋友们一起跑吧！"硕硕不干，发出哼哼声以示抗议。没办法，奶奶只好又抱起了硕硕。

宝宝为什么不愿走？

宝宝曾经那么喜欢走路，拦都拦不住。他们在家里家外，走来走去，连跑带颠，满脸笑容，兴致勃勃，为自己能够走路而感到无限满足。

该走路的时候走路，不让抱着，该是宝宝的正常表现。宝宝自由自在地去自己想去的地方，接触的外界环境更广阔，观察学习到的内容更多，认知水平自然就会更高。

宝宝自由探索的经历，有利于培养宝宝的主动性。户外空气新鲜，视野开阔，宝宝活动空间大，活动范围广，他的体力消耗大，食欲好，睡眠好，心智发展自然就会好。

户外小伙伴多，大家一起玩，宝宝学会了与他人相处的方法，

197

懂得了如何顾及他人，收敛自己的行为，从而习得了交往规则。

那么，为什么到了两三岁，一些宝宝就不愿意走路了呢？最为常见的原因有以下两个：

第一，宝宝缺少锻炼，腿力不够。

有的宝宝会走路以后，父母没怎么让宝宝走，宝宝要么待在家里玩，要么被父母抱着或者坐着儿童车出来玩。宝宝没有充分练习的机会，导致腿部肌肉不够结实，走一会儿就累了。宝宝累了以后父母不再让他走路，腿部肌肉发育就会受到限制。

第二，习惯坐儿童车。

很多宝宝由祖辈照顾，老人为了防止宝宝乱跑出现危险，或者因为自己抱不动，一出门就带上儿童车，让宝宝坐在车里。宝宝坐习惯了，自然不愿意走路。

保护好宝宝走路的欲望

宝宝会走以后，总是特别想走路，我们管都管不住。家里家外，宝宝不管不顾，到处走动。如果我们顺应宝宝的心愿，让他多走路，宝宝走路的习惯就养成了。宝宝到了两三岁，不会一出门就让大人抱着了。

1. 放下儿童车，跟着宝宝走。

如果宝宝能平稳地走路，表明他具备了走路的能力。宝宝多走路，有利于他的大肌肉群运动，以及眼、手、足等协调运动。我们要放下儿童车，和宝宝一起走。宝宝会边走边玩，看到哪里有好玩的就走过去。我们呢？当然不能着急，宝宝去哪里，我们就跟着他去哪里。

两三岁的宝宝有很强的独立需求，在走路方面也是如此。他会自己爬上台阶，站在上面玩。这个时候，我们喊他下来，他往往会反抗。那么，我们就听从宝宝的心愿，和他一起玩吧！他玩够了，自然会跟我们一起往前走。

2．尽量多走路，累了就抱一抱。

我们去超市购物或上早市买菜，就带上宝宝，一起走，这既锻炼了身体，又养成了宝宝走路的习惯。我们不用担心宝宝走不动，也不用担心他劳累过度。

如果宝宝走路的距离比较远，可能走不动了，情绪变差，这种情况下，我们可以抱抱他。宝宝被我们抱在怀里，大脑认知系统重新感受到了安全，并恢复到了之前的放松状态，这时我们可以这样对宝宝说："爸爸妈妈抱不动了，你自己走好吗？"宝宝往往会答应的，然后又充满力量，努力地往前走。

3．遇到险路，我们要领着走。

宝宝会走路后，喜欢到处走，欣赏他们眼里的风景。在宝宝的眼里没有危险，他不管不顾，哪里都敢去。这个时候，我们不要因为"害怕宝宝摔倒"而阻止他。我们可以领着宝宝走，一边走一边告诉他："这个是玫瑰花，有刺，咱们不能碰。那里是蔬菜，咱们不能踩。咱们到这边来看看小兔子吧！"我们要密切关注周围，把宝宝带离危险的地方。

宝宝过马路，甩开妈妈的手

妈妈带宝宝去超市购完物，手里拎着一个大大的食品袋走出超市，需要绕过一个红绿灯到马路对面坐车。

马路上人多车也多，妈妈紧紧拉着宝宝的手，生怕他出事。宝宝不服气，努力甩开妈妈的手，说："放开我！"虽然马路上有红绿灯指引，车辆秩序很好，但妈妈还是担心宝宝乱跑，于是用力拽住了宝宝的手，说："过马路有危险，妈妈必须拉着你的手！"宝宝听了，就不再反抗了。

宝宝的安全意识来自父母的安全教育

宝宝会走了以后，就喜欢到处走，此时的他们安全意识还不是很强，即使我们给他们讲"在马路上玩很危险"，但他们还会横穿马路，去拿一根小木棍，或者到马路中间去捡球。

几乎从宝宝能迈步走路的时候起，我们就开始跟宝宝讲安全常识。例如，我们经常教育宝宝，过马路时要紧紧拉住大人的手，遇到红灯要停下来，要站在斑马线外等候，直到变成绿灯后继续走……我们一遍又一遍地跟宝宝讲这些安全常识，但是，这并不等于宝宝就有了安全意识，也不等于宝宝能控制住自己的危险行为。

"汽车会把人撞伤，这是真的吗？"宝宝心里这么想，于是就放松了警惕，危险也随之增加。为了能让宝宝接受教育，我们领着宝宝摸一摸车的外壳，用头碰一碰，宝宝感受到车的硬度，意识到金属外壳碰到身体很疼，此时，我们再告诉宝宝身体与车发生碰撞后身体会受伤，宝宝接受起来就比较容易了。

宝宝在年龄较小的时候，走在马路上，还能规规矩矩地拉着妈妈的手。到了两三岁，他明知有危险，却硬要甩开妈妈的手自己走。我们绝不可以给宝宝这样的自由。如果他执拗起来，我们可以说："你还小，必须让大人拉着手走，要不，我们就回去了！"

随时随地落实安全教育

我们在向宝宝灌输安全意识时，若不停地说相同的内容，次数多了，就等于白说。所以，不管我们多么在意宝宝的安全，都不要挂在嘴上，而要落实到行动上，这样更能规范宝宝的行为。

1. 走在路上，妈妈不要不停地说。

有的妈妈担心宝宝太顽皮，不听话，即使做了很好的安全教育，出门前，也会唠叨几句："到了马路上，要牵着妈妈的手，紧紧地拉着，不要跑啊，和妈妈一起走人行道。"妈妈不如把宝宝带到马路上，密切观察宝宝的行为倾向。他从人行道往下迈，想走行车道的时候，妈妈拉住他就好了。当宝宝反抗的时候，妈妈要耐心地给他解释："你看那辆车开得多快啊，过去就会有危险，妈妈很担心你！我们要在人行道上走，这样最安全！"

2. 遛弯时，妈妈可以让宝宝带上滑板车。

妈妈带宝宝遛弯，担心宝宝乱跑，就推着车，让宝宝坐在车上。这样，宝宝完全由妈妈控制。这么做，看起来减少了危险，但并不利于宝宝习得交通规则，而且大大降低了宝宝的活动量。

对于两三岁的宝宝，用推车不如带上滑板车。路上，妈妈和宝宝并行，宝宝站到滑板车上，妈妈轻轻拉着他往前走。到了广场上，妈妈就让他自己滑行。这样，妈妈就用实际行动告诉了宝宝：在路上要走人行道，而且不能在人行道上自己滑滑板车。这样的规矩被宝宝内化，他就不会在马路边上玩了。

3. 玩"红绿灯"游戏。

游戏能够把枯燥的知识展示给宝宝，我们在空地上，画好斑马线，和宝宝一起玩"红灯停，绿灯行"的游戏，有利于宝宝掌握交通规则。我们喊"红灯"，宝宝就停下来，如果不停，我们就"撞"宝宝的身体。我们喊"绿灯"，宝宝就往前走。这样，可以让宝宝切实感受交通规则。

4. 即时教育。

马路上，我们遇到闯红灯的车或者人时，就要告诉宝宝："他闯红灯了，很危险！如果这个方向有车过来，他就可能被车撞上！一定要等红灯变成绿灯才能往前走！"。

在有交警或交通协警执守的路口，违反交通规则的人要举着小红旗执勤。遇到这种情况，我们可以这样对宝宝说："你看，他不遵守交通规则，在这里举小红旗呢！他不能按时回家，好可怜啊！"宝宝同情心强，容易接受这样的教育。

宝宝要让妈妈喂饭

婷婷两岁半，早就能自己拿着小勺吃饭了。可是最近，妈妈把饭盛好后，她不拿小勺，仰着脖子，张着嘴冲妈妈喊："啊！啊！啊！"意思是：妈妈喂我吃。妈妈没办法，就一勺一勺地喂给她吃。几次之后，妈妈觉得不妥，就让她自己吃。婷婷反抗，宁可饿着，也不愿自己吃。

能够独立吃饭的宝宝，让妈妈喂一定有缘由

大多数宝宝，到了两岁以后，都能够自己吃饭。即使宝宝洒落的饭菜比吃到嘴里的要多，他也能马马虎虎地进食。宝宝再大一些，到了三岁，就能比较利索地吃饭了。

某一天，宝宝突然不想自己吃饭了。他可能是怀念妈妈喂饭的感觉，想着要重温被宠爱的温暖，于是就很执拗地要求妈妈喂饭。很多妈妈担心，喂饭会弱化了宝宝的独立吃饭能力，于是就选择不喂。宝宝不开心，就跟妈妈较劲："你不喂我就不吃。"

宝宝两岁的时候，会抢着自己吃饭。宝宝到了三岁左右，却又要大人喂。这是吃饭行为发展中的退化表现。三岁的宝宝处于形成独立吃饭习惯的巩固期，我们要坚持努力，继续鼓励宝宝自己吃饭。这样，宝宝的动手能力才能发展起来。

但是，当宝宝生病了或心情不好而不想吃饭时，我们要特别对待。宝宝需要我们喂饭，对宝宝来讲，这是一种很好的情感上的慰藉方式，能平复宝宝的心情。

我们下定决心不给宝宝喂饭，但执行起来还是会动摇。为什么呢？因为这个年龄段的宝宝反抗意识非常强。如果我们拒绝，他会感到自己不被重视，自尊心受到伤害，就会以哭闹、扔餐具等形式来反抗。这时，我们要从情感上接纳宝宝，给予他安慰。行动上，我们要坚持让宝宝自己吃饭。

老人看不了宝宝受委屈，会说："喂吧，有什么关系呢？"妈妈顶不住压力的时候，就会将宝宝抱离餐桌，带宝宝去另一个地方吃饭。

灵活处理宝宝要求喂饭的请求

有的妈妈着实没把喂饭当成什么大事，宝宝不想自己吃，顺手就喂了。其实，这是一种不良的养育方式，不利于宝宝成长。但是，当宝宝有特殊情况的时候，妈妈还是要区别对待，让宝宝享受到特别的照顾。

1．忍受不如意，让宝宝自己吃。

有的宝宝自己吃，会搞乱饭菜。如果妈妈实在没有时间或者看不惯宝宝搞得到处都是饭的样子，可以离开餐桌，让宝宝随便吃。由于宝宝的手部肌肉正处于发育过程中，他拿餐具的动作不够灵活，学吃饭会浪费一些饭菜，这是一个不可避免的过程，妈妈就暂时忍耐一下吧！

为了让宝宝吃起来更方便，妈妈可以给宝宝做一些他比较容易接受的饭菜，比如小块的丸子、米饭、小块的肉等，这样，宝宝吃进嘴里的成功率比较高，浪费少，宝宝成就感强，就更愿意自己吃了。

2．宝宝说自己吃饱了。

宝宝放下碗筷，说自己吃饱了。有的妈妈发现洒落在地上的食物有很多，觉得宝宝没有吃饱。只要宝宝接受，妈妈就可以喂一些，直到宝宝不吃为止。妈妈不要破坏了宝宝吃饭的兴致。宝宝说："不吃了，不吃了，真的不吃了！"妈妈不要武断地认为宝宝没吃饱，更不要强行喂宝宝。

3．绝不妥协。

如果宝宝总是纠缠着让妈妈喂饭，妈妈就要心肠硬一些，告诉宝宝："宝宝长大了，要自己吃，自己吃饭会更香！"然后，妈妈再鼓励宝宝几句："宝宝吃得特别好！来，妈妈给你夹菜，你自己吃！"妈妈要把握好一个原则，那就是：不管宝宝怎么闹，妈妈也不要喂饭。

有的时候，不管妈妈怎么努力，宝宝就是不配合，搞得妈妈很焦虑。她们担心宝宝吃不饱，影响身体发育。其实，宝宝少吃一顿没什么，而且，他饿了就会要东西吃。妈妈还要把握一个原则，那就是：没到吃饭时间，不给宝宝开小灶。妈妈要告诉他："等吃饭的时间到了，大家一起吃吧！"。

玩过的玩具不收拾

君君有很多玩具车，妈妈每收拾一次，都会装满两大筐。玩具车到处都是，妈妈走在客厅，总会撞到脚面。

君君找不到自己想要的玩具，就会着急。这时，妈妈就会说："以后你玩够了，就把玩具放到玩具筐里，到时就好找了。"君君点头，可是下次玩够了，依然会扔得到处都是。

收拾玩具不是小事情

宝宝到了两三岁，依然会把房间搞得乱糟糟的，到处都是他的玩具。他想要哪一个玩具了，自己找不到就会冲父母大喊大叫。这个时候，父母可能就会埋怨宝宝："你自己的玩具不放好了？我们哪里知道啊！？"父母不帮忙，宝宝就会大哭。宝宝一哭，父母就更生气了！

这种情况屡次发生，父母真的该反省自己的教育了。父母不带领宝宝整理玩具，就是默许宝宝玩够了玩具后可以不收拾。

玩具是宝宝的，收拾玩具自然就是宝宝的事情。宝宝不是生来就有这样的意识的，需要大人教他才能懂。宝宝到了两三岁，是否具备收拾玩具的习惯和意识，全在于父母的教养。

这个年龄段的宝宝有做事情的热情，却没有"把玩具收拾好"的意识，于是他外在的行为就是"我不需要收拾玩具"。

当宝宝逐渐长大，有了一定的行为能力，整理物品就成了他自己的事情。但是，如果父母不培养他，他可能就不懂得主动去整理。这样的现状会导致他生活无条理，缺乏责任感。宝宝生来就懂得为自己的生命负责，饿了会大哭大喊。在这样的生存本能基础上，父母满足宝宝的"自主"需要，要让宝宝认识到，整理自己的玩具也是他要负责的内容。

宝宝一边收拾一边玩，父母嫌慢。为了快速完成，父母三两下就帮助宝宝收拾了。父母这么做，实际上剥夺了宝宝为自己做事情的权利和机会。长此以往，宝宝会觉得父母就该为自己做事，他们的价值感会来自"去操纵父母为自己服务"。整理玩具是培养宝宝责任感的一个很好的方法。在一起整理玩具的过程中，宝宝感受到了父母的"不容易"，就会尽力去做父母交代的事情。

如何让玩具回"家"？

从宝宝爱上玩具的那一天起，我们就要培养宝宝让玩具回

"家"的习惯，宝宝就能自觉地整理玩具了，而且条理性会越来越强。

1. 玩具也要有"家"。

玩具的"家"在哪里？要靠我们做父母的去"安置"。玩具的"家"，可以是筐，也可以是箱子，或者柜子。如果我们没有为宝宝的玩具准备"家"，就容易发生到处乱扔的现象。随着宝宝不断长大，家里的玩具会越来越多。没有固定地方收纳，宝宝当时玩够了就会到处扔。而实际情况是，宝宝并不是新鲜劲过了不玩了就是真的不喜欢了，过些日子，他又会喜欢如初。

2. 有"家"的玩具不迷路。

我们把不同类别的玩具放到不同的收纳筐里，宝宝找玩具的时候就不会太费劲。这个时候，我们可以这样对宝宝说："宝贝，你看，你这么轻松就找到玩具了，是因为我们把玩具放到了这个玩具筐里。"宝宝的模仿能力特别强，我们把玩具放到玩具筐里，他就知道了那是玩具的"家"，也会模仿着去做。

3. 每天至少一次，让玩具回"家"。

我们要和宝宝一起动手，分门别类地把玩具放到各自的"家"里，比如：小汽车放一起，布娃娃放一起，书本放一起，小球放一起，积木放一起，等等。在睡觉前，我们要领着宝宝一起收拾玩具。如果工作量比较大，宝宝可以少做一些，我们多做一些。宝宝做好了，我们要对宝宝说："看，玩具都回'家'了，多幸福啊！咱们也该睡觉了！"。

宝宝"闹觉"

有个宝宝两岁半了，平时妈妈跟他商量事情，他都很听话，但睡觉除外。即使妈妈在睡前做了很好的动员工作，宝宝还是睁着双眼东瞅瞅西看看，不肯入睡。有的时候他还会爬起来，玩一会儿玩具。妈妈有事情要做，可宝宝就是搂着妈妈的脖子不松手。宝宝要求妈妈陪他玩，不愿意睡觉。

别让"闹觉"成为坏习惯

小宝宝困了就要睡觉，但是从躺下到睡着需要一个过程。在这个过程里，有的宝宝只需要几分钟。即使有的宝宝需要妈妈抱着或拍着才能入睡，但时间短，这种情况也不算"闹觉"。而有的宝宝则不然，他们睡觉前总是又哭又闹，困得打哈欠也不睡，一放到床上就醒，需要人抱着才能入睡，很"磨人"。

随着宝宝不断成长，我们就要逐步培养宝宝的睡眠习惯。这样，宝宝到了两三岁，就能自己睡觉了。宝宝洗完澡，躺到床上，妈妈读着绘本或讲故事，宝宝听着听着就进入梦乡了。

随着宝宝不断长大，如果家长没有帮助宝宝养成一个良好的睡眠习惯，那么，"闹觉"就将成为一个坏习惯，并伴随宝宝的成长。所以，我们要想办法做好睡前工作，让宝宝顺利入睡，避免宝宝"闹觉"。

做好睡前工作，宝宝不"闹觉"

如果宝宝身体没有不舒服，到了睡觉的时间，妈妈做好睡前工作，宝宝就不会"闹觉"了。

1．增加宝宝的活动量。

随着宝宝不断长大，他能够进行的活动也越来越多，比如：出去看看风景，在床上爬来爬去，玩各种玩具，在地上到处走，等等。这个时候，我们可以根据宝宝的睡眠时间，让宝宝睡前出去活动一下。宝宝感到累，就没精力闹了，很容易入睡。

2．准备好安慰物。

有的宝宝躺在床上，会有吃手、咬被角、挠脸等行为，这些行为不卫生，容易感染细菌。为防止宝宝养成这些不良习惯，我们可以在宝宝睡前把宝宝最喜欢的玩具放在枕边，这些东西在宝宝眼里是最亲密的"亲人"，会带给他一些安全感。

3．宝宝"闹觉"，父母不要过于急躁。

宝宝入睡需要一个过程，有的宝宝要哭闹几分钟，有的宝宝则要玩几分钟。不管哪种表现，我们都要陪着宝宝，这样更有利于他度过"磨觉"时光，进入睡眠状态。

夜间，宝宝突然醒来

奇奇夜里醒来，推妈妈，要妈妈开灯。妈妈问他怎么了，奇奇开始哭。妈妈抱着奇奇，继续问："宝宝饿了吗？"奇奇说："妈妈，我要喝奶。"于是妈妈准备好奶，递过去，奇奇喝了几口说："妈妈，我要吃饼干。"于是妈妈拿来一块饼干，奇奇咬了一口，扔在盒子里，又不吃了。

奇奇继续哭，妈妈不耐烦了，就说："你到底想干什么啊？半夜不睡觉！"说完，妈妈躺下睡觉了。奇奇哭得更伤心了。妈妈只好起来，继续哄奇奇。

宝宝为什么在夜间会醒来？

两三岁的宝宝，夜里醒来，常见的原因有以下几种：

1. 白天受到了惊吓。

老人们常说，宝宝夜里醒来，可能是白天见到了害怕的东西。遇到这种情况，我们需要摸着宝宝说："不怕，不怕，宝宝不怕！"我们说几句，宝宝就能安稳地再次入睡。

2. 夜里做梦。

有的宝宝是夜里做梦，醒来后，没有了睡意，需要我们的陪伴和安抚，甚至还要我们陪着玩一会儿。

3. 睡醒了。

两三岁的宝宝精力旺盛，白天没有出去玩，在家里待了一天，还睡了很长时间的午觉，到了晚上，他就不容易入睡。有经验的父母，一般不让宝宝早早睡觉，以防止他夜里醒来。

4. 饿了。

宝宝晚饭没吃饱，睡到夜里饿醒了，会跟妈妈要奶喝。这种情况，宝宝吃饱了一般能继续睡。有的宝宝睡不着，一般要玩一会儿，而且要妈妈陪着。

5．憋尿。

如果宝宝是由尿憋醒的，醒来后会哭几声。有的宝宝不哭，会直接说"我要尿尿"。宝宝尿完了，也就睡了。

宝宝夜里醒来除了影响父母休息，还影响自身发育，比如身高、智力、机体免疫力等。

两三岁的宝宝个子长得快，是因为脑垂体分泌了较多的生长激素。生长激素直接作用于全身的组织细胞，能增强身体的新陈代谢功能，促进骨骼生长。人体的生长激素大部分在睡眠时分泌，若分泌不足，会影响宝宝长身体。

机体的免疫反应是在神经系统的调节下进行的。人在睡眠时，体内会产生一种来自淋巴和骨髓的保护物质，这种保护物质可以预防和击退病菌的进攻，提高人体免疫力。

由此看来，宝宝要好好睡觉，才能好好成长。

怎么做才能让宝宝再次入睡？

宝宝夜里醒来，一定会影响睡眠。如何让宝宝再次入睡，是妈妈比较头疼的问题。

1．宝宝醒来后，我们要好好安抚。

宝宝醒来后，我们不要流露出烦躁的情绪，而要赶紧到宝宝身边，抱着宝宝，问："睡不着了？很困吧？"如果宝宝说要吃东西，我们就满足他。宝宝想尿尿，我们就要抱着他上卫生间。

宝宝不睡了，妈妈要往"睡觉"这件事情上引导："好安静的夜晚啊，睡觉很舒服啊！我和你一起睡，拉着你的小手。"如果宝宝不睡，还想玩，妈妈就陪他玩一会儿。一般情况，宝宝玩一会儿就困了。这时，妈妈说："明天妈妈再陪你玩，现在睡觉，好吗？"

宝宝醒来后，情绪比较低落，既不要吃的又不要喝的，那么，妈妈就要抱着宝宝，跟宝宝说说话，给宝宝唱一唱催眠曲，过一会儿宝宝也就睡着了。

2．预防夜里醒来。

发现宝宝有夜里醒来的情况后，我们要做好预防工作。怎么预防？常见的方法有：

（1）白天，带宝宝充分活动。

妈妈带宝宝出去玩，逛公园、做游戏、购物、走亲戚……这些都是不错的选择。宝宝白天玩得累，晚上睡得香。

（2）白天，少睡或者不睡。

白天不要多睡。一般情况下，宝宝晚上没睡好，第二天肯定会困。这时，妈妈可以带宝宝玩，尽量不睡，或者把午睡时间尽量提前，而且不要睡太久。

（3）预防被饿醒或被尿憋醒。

宝宝要吃好晚饭，不至于夜里饿醒。睡前，我们要领着宝宝尿尿，这样宝宝不至于被尿憋醒。

宝宝只想喝果汁

冰冰两岁了，从小除了奶粉，喝得最多的就是果汁。妈妈觉得，果汁有营养，宝宝喜欢喝是好事。为此，妈妈买了好几个榨汁机。冰冰长大了，妈妈的工作也开始步入正常的状态。女儿口渴了，妈妈就会倒些白开水，但女儿见到水，就是不肯喝。

鲜榨果汁未必好

有了宝宝后，很多妈妈都会买榨汁机，做起了"鲜榨妈妈"。在妈妈眼里，自己把水果榨成汁给宝宝喝，既干净又营养，不失为爱宝宝的良好选择。为此，很多宝宝也被惯坏了，只喝果汁不喝水。

白开水是一种看似平常实则不平常的"营养物质"。有研究显示，煮沸后自然冷却的凉开水最容易透过细胞膜促进新陈代谢，提高机体的抗病能力。

鲜榨果汁的口感要好于白开水，宝宝当然喜欢喝。如果一直给宝宝喝这样的果汁，宝宝养成了习惯，就不愿意喝白开水了。

如果宝宝长期喝果汁而不喝水，身体容易缺水，还可能导致腹泻或便秘。鲜榨果汁的糖分含量较高，对牙齿也不好。

对新陈代谢非常旺盛的宝宝来讲，白开水是补充水分并且没有任何副作用的最佳饮品。

从另一个角度来看，宝宝喝惯了果汁，妈妈就不怎么给宝宝吃水果了。妈妈剥夺了宝宝吃水果的咀嚼过程，宝宝的口腔肌肉功能得不到锻炼，会影响面部、口腔和颌骨的发育。宝宝不吃水果，牙龈和牙齿没有得到适当的挤压和锻炼，牙齿可能会不牢固。由于舌头、嘴唇等口腔器官的灵活性受到影响，因此宝宝的语言表达能力也会受到影响。

即使喝了鲜榨果汁，也要喝水、吃水果

鲜榨果汁有营养。对宝宝来讲，关键在于：怎么喝才能促进身体健康？以下几点建议可供参考。

1．果汁一定要稀释。

我们稀释果汁的时候，要根据水果的品类来确定加水量。例如：西瓜含水多，我们可以加入少量的水；苹果、梨等含水比较丰富，我们可以按照一定的比例来稀释；柑橘类的水果酸度较高，我们可以加一些冰糖，多放一些水。

2．掌控好时间和饮用量。

宝宝的消化能力有限，如果长期过量饮用果汁，大量的糖不能被肌体所吸收利用，而从肾脏排出，可能会导致肾脏病变，产生一种称作"果汁尿"的病症。宝宝每天喝果汁的量不宜过多，50～100毫升的量比较合适。我们给宝宝喝完果汁后，可以再给宝宝喝少许白开水，以帮助宝宝清洁口腔。宝宝喝果汁的最佳时间是在两餐之间，这样才不会影响宝宝吃饭。

3．多给宝宝吃水果和蔬菜。

鲜榨果汁可以保存水果中的大部分水溶性维生素，如维生素B和维生素C以及矿物质钾和可溶性的膳食纤维，但是大部分的膳食纤维和部分钙、镁等矿物质仍然保留在果渣中。从这个角度来讲，直接吃水果营养更丰富。

我们可以把樱桃、黄瓜、西红柿、草莓等水果或蔬菜洗干净直接给宝宝吃。至于西瓜、哈密瓜等个头较大的水果，我们就要切成小块给他吃。

我们最好不要选择反季水果，这些水果在储存、运输等过程

中可能会加入防腐剂，或者在成熟过程中使用了化学制剂，不利于宝宝健康。

宝宝不让洗脸

妈妈给娇娇洗脸，说了很多好话，可娇娇就是不肯洗脸。妈妈没办法了，只能洗好毛巾，走到娇娇跟前，给她擦一擦。谁知，娇娇转过身，背对着妈妈，口里大喊："我不擦，我不擦，我就不擦！"。

宝宝为什么不洗脸了呢？

从小就乖乖地让妈妈洗脸、抹"香香"的宝宝，到了两三岁，就不愿意洗脸了。宝宝一看到妈妈接水、拿毛巾，就迅速地跑开了，或者干脆面朝沙发躺下，让妈妈看不到脸。如果妈妈想强行把宝宝拽起来，他会左躲右躲，大哭大闹。这是为什么呢？

1．宝宝独立了。

两三岁的宝宝有很强的独立愿望，他们更加渴望独立，想自己洗脸。双方为此发生争执，当他们想自己洗脸的愿望没有达成后，便对洗脸这件事没有了热情，并消极抵抗——"父母不让我自己洗，那我就不洗"。

2．被侵犯的感觉很糟糕。

宝宝会这样想："妈妈自己洗脸，爸爸自己洗脸，我也要自己洗脸。凭什么让妈妈给我洗脸？"宝宝有了被侵犯的感觉后，就不愿意让妈妈给他洗脸了。

妈妈还会发现，两三岁的宝宝走路的时候，不喜欢被妈妈拉着手；他睡觉的时候，不让妈妈摸自己的小屁股，还会向这种"被侵犯"的行为抗议。

3．宝宝被弄疼了。

洗脸的时候，妈妈过于用力，把宝宝的小脸弄疼了，这样的感受让宝宝有了抵触心理。为了避免疼痛，宝宝坚决不让妈妈给他洗脸了。

4．正玩在兴头上。

宝宝正玩在兴头上，妈妈要给他洗脸，两人的情绪都被激化，都要争取达成自己的目的。

"登门槛效应"：每天开心洗一洗

如何让宝宝开开心心、快快乐乐地洗脸看起来是一件小事情，却需要我们花一些心思。

1．先洗一点点。

美国心理学家弗里德曼和他的助手曾经做过一个非常经典的实验：

他们派人随机访问一组家庭主妇，请求她们把一个小招牌挂在自己家的窗户上，主妇们大都愉快地同意了。

过了一段时间，实验者又请求她们将一个不太美观的招牌挂在自己家窗户上，她们也都同意了。

后来，实验者请求这些家庭主妇，把一块不仅大而且不太美观的招牌放在院子里，依然有超过半数的家庭主妇同意了。

相比之下，心理学家派人随机访问另一组家庭主妇，直接表示希望将一块不仅大而且不太美观的招牌放在她们的庭院里，但只有不到20%的主妇答应了。

这就是"登门槛效应"。一个人一旦接受了他人的一个小要求，就更容易接受更大的要求。我们为了达成给宝宝洗脸的愿望，不妨也效仿一下"登门槛效应"。洗脸的时候，我们先用毛巾擦擦宝宝的额头。这个要求宝宝接受后，我们再擦擦脸蛋、鼻子，一点一点地擦，宝宝的整个脸就擦完了。一点一点来，宝宝的反抗情绪就被瓦解了。

2. 鼓励宝宝合作。

我们一点一点地"得寸进尺"后，并不等于我们就一定能够让宝宝放下对抗心理，配合我们给他洗脸。期间，我们还要掌握一些鼓励宝宝的技巧。

我们千万不要讲道理或者评价宝宝，那样做，只会激发宝宝的逆反心理。我们可以顺应宝宝的心理，描述当下的情景。

我们说："宝宝不愿意洗脸！"这么说，宝宝不会反感。接下来，我们提示宝宝："不洗脸就会招来小虫子，在头上飞来飞去，好恶心啊！"当宝宝有所触动后，我们再来一句："来，宝贝，洗一下额头！"如果洗脸的时候宝宝动来动去，妈妈可以说："你这样，我都洗不到你的脸了，到处是水，我很难过！"

在洗脸的过程中，我们不断地给予肯定："额头洗白了！接下来就洗圆圆的脸蛋，轻轻地，洗一下，脸蛋也白了！"洗脸后舒服的感觉让宝宝很开心，重复几次，宝宝就愿意接受洗脸这件事情了。

光着脚丫跑，就是不穿鞋

彦彦妈向朋友诉苦，说儿子一天到晚光脚丫跑来跑去。彦彦妈给儿子穿上鞋子，没几分钟他就脱了。大人光脚踩在游戏毯上都感觉凉，更何况踩在地板上呢！妈妈说服不了宝宝，就密切"跟踪"他，只要看到宝宝从游戏毯里出来，就抱起他来把他放上去。可是，妈妈总有看不到的时候，万一着凉怎么办呢？怎么才能让宝宝在家也穿上鞋呢？

宝宝能不能光脚丫？

从成长的角度来讲，脚部被不同质地、不同温度、不同材质的接触面刺激，有利于神经系统的发育。脚底部有很多穴位，光着脚走路，相当于对足部穴位进行按摩，能健脾益肾，镇静安神，对小儿遗尿、消化不良、小儿便秘等病症都有一定的疗效。

温暖的季节，我们带宝宝到沙滩上或草地上跑跑玩玩，宝宝的双脚裸露在阳光和空气中，可加速体内血液循环，促进新陈代谢，提高抗病能力，对宝宝身心发展都很有益处。

很多妈妈并不愿意让宝宝光着脚丫在地板上走，担心会弄脏宝宝小脚或者因踩到硬东西而伤到脚部，还有就是担心宝宝着凉。夏季，地板上铺着游戏毯，宝宝一般不会着凉。冬天呢，宝宝就需要穿上棉拖鞋了。

宝宝不穿鞋，怎么办？

宝宝就是喜欢光着脚在地板上走来走去。夏天，既凉爽又轻松，宝宝还开心，我们也就忍了。到了冬天，宝宝光脚踩在地板上，的确很凉。我们该怎么做，才能让宝宝穿上鞋子呢？

1．利用生病的机会，告诉宝宝不穿鞋的坏处。

冬季，宝宝总会有感冒发烧的时候，宝宝流鼻涕或者吃药的时候，我们告诉他："你看，老光脚凉到了，生病了吧？来穿上鞋子吧！以后，你在客厅里玩要要穿上鞋子。"

这样的教育很有效。为了不遭罪，宝宝在床上或者游戏毯上玩的时候，会顺顺利利地穿上鞋子。在室内，我们最好给宝宝选择一双柔软、宽松的鞋子，这样的鞋子对脚的束缚小，不会影响脚的发育。

2．即使脱了鞋，我们也要帮他穿上。

给宝宝制订好规矩：在游戏毯上、沙发上或床上玩，就要穿着袜子；在地板上走，就要穿上鞋子。宝宝自己脱了，我们就给他穿上。

当宝宝偶尔有不穿鞋子的行为，我们可以这样提醒他："宝宝光脚踩在凉凉的地板上的感觉，是不是像踩在冰上一样？还是穿上鞋子舒服啊！"。

男孩："宅"在家里更叛逆

妈妈上班的时间，俊俊跟姥姥在一起。姥姥腿脚不好，出门的时间较少。俊俊也很听话，就在家里玩。可是最近，姥姥觉得俊俊太逆反了。姥姥说什么他反对什么。他还顶嘴，说狠话，有时还摔东西。姥姥跟邻居诉苦。邻居说："男孩，要多出去走走，精力不消耗，容易发脾气。闷在家里久了，他会生病的啊！"。

两三岁的男宝宝，精力比较旺盛

两三岁的男孩好像刚出生的小牛犊，精力旺盛，能闹腾。他一天不出门，家里就变了样：柜子斜了，玩具扔了一地，沙发上满是脚印……

男孩对什么都感兴趣，什么都要摸一摸、碰一碰，他们到哪儿都能找到乐趣。即使是一个废弃的破车胎，他们也能把它当成宇宙飞船来"驾驶"。男孩会到处跑，花园里、空地上都是他们的乐园，上树、掐花、捉"鬼"、造飞机……他能想到的就要做到。即使玩得满头大汗、浑身是土，他也不愿意停下来。

男孩怎么能这么兴奋呢？他们怎么会这样呢？这是因为男孩身体里有一种神奇的物质，叫睾丸激素。随着男孩的身体不断发育，体内的睾丸激素增加，睾丸激素刺激男孩的大脑，使他容易做出攻击性行为，因此男孩需要机会来排解内心的烦躁感。

男孩体内还会分泌另一种神秘物质，叫多巴胺。当血液中含有较多的多巴胺时，流经小脑的血量就会增加。多巴胺会增加男孩冲动和冒险行为的概率，而小脑是控制身体行动的神经中枢。流经小脑的血量多，小脑就会比较活跃，他的活动量就会大大增加。

给男孩创造更多的机会

我们要明白，两三岁的男孩需要不断寻找机会，释放掉多余的能量，身心才能达到平衡。

1．带宝宝出去玩。

男孩向往家门外的世界，比如：路边盛开的花儿，树上结出的果实，田野里成片的泥土……一切事物对他们都充满了诱惑力，诱发他们去体验、去思考。

有沙、有水、有草地、有绿树的地方，他们最喜欢了。他们玩起来兴致勃勃，体力消耗快，不会感到无聊，所以就不会发脾气了。

2．在家里也要多活动。

雨雪天或雾霾天，宝宝出不了家门，限制了活动范围，我们可以邀请小朋友们来家里和宝宝一起玩。

两三岁的宝宝已经会模仿动画片或绘本里的场景、情节，有时还能自导自演。我们可以领着宝宝一起做简单的角色扮演活动。宝宝玩得开心，还消耗了体力，就不会有逆反情绪了。

宝宝出不了门，在家里玩，难免会损坏或糟蹋物品。如果我们注意不到，宝宝会玩米、面之类的东西，我们要及时挽救损失，并且不要对着宝宝大喊大叫。在宝宝眼里，这些物品比家里的玩具更有趣。

3．允许宝宝和我们一起做事情。

当我们在家里擦擦地板、收拾收拾物品的时候，宝宝会凑过去，来一句"我来帮你"，我们不要嫌麻烦，而要分配给宝宝一些任务，宝宝会很有干劲的。

只要我们耐心地教宝宝怎么做，他就会认真学。只要有一点儿成绩，我们就给予他表扬。宝宝有了成就感，更愿意参与进来。

女孩：缺少关爱更叛逆

尧尧是个三岁半的女孩，在上幼儿园之前，主要由爷爷奶奶照顾。爷爷奶奶比较娇惯娇娇，导致她既任性又调皮，不服管教。不管别人说什么，她都不听。父母教训她几句，她就说："我走了，要去爷爷奶奶家！"

妈妈说："以后不许动不动就说去爷爷奶奶家！"尧尧大声反驳："爷爷奶奶对我好，反正你不关心我，我不爱你！"妈妈心烦意乱，不知道怎么办才好！

女孩渴望爱的原因

女孩与男孩不同，她们胆小，不闹腾，喜欢抱着布娃娃安安静静地玩。女孩走出家门，喜欢拉着妈妈的手，见到小狗、小猫之类的小动物，不像男孩那样跑过去，而会躲到妈妈身后，偷偷地观察。

据心理学家研究发现，女孩比男孩更为感性，触觉、嗅觉较敏感，听觉能力更强。

如果女孩出生以后，得到了很好的照顾，和妈妈建立起了安全型依恋关系，我们会发现，女孩性格开朗、乐观，能非常友好地跟其他的小朋友相处。女孩要是没有和父母建立起安全型依恋关系，被孤独的情绪和遗弃感萦绕，可能一辈子都快乐不起来。

如果父母能够与女孩不断地交流，女孩会变得比较聪明，更有安全感。

女孩喜欢相互依存，愿意成为家庭关系中的一分子。"妈妈，和我一起玩吧！"这是女孩挂在嘴边的话。"妈妈，你几点回来，我想你了！"工作中，妈妈常常会接到这样的电话。与玩伴有一段时间见不到，女孩会非常想念，会反复问妈妈："她什么时候回来啊？"。

让"好关系"环绕着女孩

两三岁的女孩娇嫩的不光是外表，还有她们的内心。她们害怕分离，担心不被喜欢，父母只有加倍呵护，她们的内心才会充实快乐。

1. 向女孩笑一笑，给予她更多的关爱。

女孩渴望温暖的笑容，父母的笑容如春风般温暖她的心，让她快乐地游戏、玩耍。教育专家认为，0～3岁的宝宝，可能会因为父母的微笑而奠定开朗乐观的性格，并从小养成良好的习惯；3～6的宝宝，可能会因为父母的关爱而懂得珍惜生活并关爱他人；入学后的孩子，更会因获得父母的关爱而快乐、坚强和自信。因此，父母要多对女孩笑一笑，给予她更多的关爱。

2. 女孩犯错，我们要小心提醒。

女孩天生敏感。如果父母很严厉地训斥几句，她可能觉得父母不爱她了，或者认为自己不被喜欢，很容易伤自尊。

父母想指出女孩的错误时，要先抱起她，舒舒服服地坐到沙发上，让她自己描述一下事情的经过。之后，父母再告诉她哪里做得不好，或者应该怎么做。这样，女孩改正起来比较快，还不会留下心理阴影。

3．及时化解女孩内心的烦恼。

女孩出门，喜欢拉着父母的手，这样，她会感觉特别温暖。那么，父母就满足她们吧！她需要时时感受到父母的爱。她遇到烦恼的时候，情感纽带能够带给她力量。

她被小朋友欺负了，会拉着父母的手倾诉。这个时候，父母要细心地呵护，耐心地解释，不能训斥女孩，也不要谴责其他的小朋友。

4．多和女孩沟通。

女孩的大脑发育早于男孩，具有良好的语言能力，她学习说话、书写、造句比较省劲。

两三岁的女孩已经具备了较强的语言表达能力，她喜欢说话、聊天、听故事、唱儿歌等。那么，父母就要抓住机会，和她多说话，给她多唱歌，多讲故事。